悟りを開くためのヒント

斉藤啓一

ナチュラルスピリット

本書の効果的な読み方
――こうして学べば悟りの道も近い！

●独自性と自由意志をもって読む

本文を読まれる前に、いくつかお断りしておきたいことがある。

本書はまず、いわゆる〝グル〟だとか、高僧などによって書かれた「説教本」ではないということだ。私自身は、いまなお悟りの道を歩む者であり〝最終解脱者〟などではない。

本書は、自らの体験と研究を通して学んだ、悟りを開くための〝ひとつのヒント〟である。そのため「自分の指導に従えば、悟りが開かれる」と約束してくれる指導者を求めているのであれば、本書はその期待には添えないかもしれない。

人には個性があるように、悟りの道にも個性がある。それは他人から与えられるものではなく、自ら開拓していくべきものなのだ。本書は、そんな独自性と自由意志をもった人に、情報やヒントを提供する目的で書かれたものである。

●行間を読む

次に、本文において、しばしば矛盾した表現が使われていることを、ご理解いただきたい。たとえば最初の方では、悟るための〝方法〟を論じていながら、最後の方になると、悟るための〝方法〟はないといっている（方法がないということは、悟ることができない、ということを意味しているわけではない）。実際に悟りに至るための方法というものはない。だが、この真意を理解していただくには、順を追って説明していかなければならない。そこで仕方なく、最初の方では〝方法〟という言葉を、いわば暫定的に使わざるを得なかったわけである。

悟りの境地は、論理を超えているがゆえに、言葉で表現することは非常に難しい。したがって、文字をそのまま読むのではなく、いわゆる〝行間を読む〟ように、直感を働かせながら、言葉の奥に潜む意味を〝見抜いて〟いただければと思うのだ。

そのための、ちょっとした頭の体操として、禅に伝わるエピソード（公案）を、各章にひとつずつ挿入しておいた。本文の真意を理解していただければ、この奇妙な話の意味もわかっていただけるはずである。

●修行を習慣化する

悟りを開くには、修行や訓練などを、1日のうち一定時間だけ実践すれば、それで達成できるというわけではない。悟りは、そうしたハウツーによっては開かれないからである。悟りを開くには、ライフ・スタイルそのものを変革する必要があるのだ。

つまり、本書で紹介する方法やヒントなどを、ことさら修行として実践するのではなく、生活そのものに組み込み、自分の生きざまに反映させることが必要なのである。こういってよければ、〝習慣化〟しなければならないのだ。修行という意識がなく、普通の生き方が、そのまま修行になっている必要があるわけだ。

さて、そのために、次のように本書を活用すると、効率よく悟りの道を歩めるはずである。参考としてご紹介させていただきたい。

●修行ノートを作る

まず全体を、ざっと読んでいただきたい。

このとき、重要だと思った箇所に赤鉛筆などでチェックを入れたり、アイデアや感想などを思いついたら、余白にメモしていただきたい。

一通り読んだら、1冊のノートを用意して、もう一度読んでいただきたい。今度は、自分が大切だと思う箇所だけを拾って読んでもかまわない。そして読みながら、本書で紹介されている方法やヒントなどを、自分はどのように実践するのかを、ノートに書いていくのである。要するに、自分だけの修行ノートを作っていくわけだ。

たとえば第1章では、自己イメージを消去する方法が解説されている。

しかし、あなたの自己イメージが何かまでは書いていない。そこで、自分が抱いている自己イメージは何かを考え、それを消すために、この方法をいつ、どのようにやるかなどを計画し、記入するわけである。そして実際に試したら、その後どのような変化が生じたかなどを、日記を書くようにまとめていくわけだ。

また第6章では、無条件に生きることが書かれている。具体的な方法としては紹介されていないが、自分は条件づけられた生き方をしていないかどうか、しているならどんな点かを、内省しながら記入していただきたいのだ。そして問題点があれば、次にどうすればいいかを、今度は自分自身が〝グル〟となって、自分に指導していくのである。

●自分独自のやり方を編み出す

このように修行ノートを作っていくわけである。しかし最終的には、こうしたノートに頼らなくても、自分の生きざまが、そのまま修行となっているまでに習慣化される必要があるわけだ。意図しなくても、自己イメージや条件づけられた行動に気づき、改善していく生き方ができなければならない。修行ノートは、いわばそのための準備なのである。

さて、以上が、私からのアドバイスである。もちろん、この通りにしなければならないというわけではない。あなた自身にとって、もっともよいと思うやり方を採用し、実践していけばいい。

大切なことは、本書から要点を取り出し、それを自分に合ったものに加工し、そして同化していくことだからである。

あくまでも、自分自身であり続けていただきたい。なぜなら、自分自身であることが、すなわち悟りだからである。

第1章　自己イメージの消去

第2章　怒りからの解放──「権力回路」の改造

第3章　不安と恐れからの解放――「安全回路」の改造

第4章　欲望と中毒からの解放――「刺激回路」の改造

第5章　比較と評価の放棄

第6章　進化の流れにまかせる

第7章　友愛関係を結ぶ

序章　悟りを開くと人はどうなるのか？

突如として訪れた驚くべき悟りの体験。このとき人生の目的が明確にわかる

最初は、かすかな変化だった。

いつもより自然が美しく、輝いて見えるような気がした。別段それが、何らかの内的な変化だとは思わなかった。

ところがしだいに、その感じ方が強くなっていった。

それは秋の、ある晴れた日だった。心がいつになく透明になり、澄んでいくのを感じた。

いつもの散歩コースとして、近所の湖にでかけていった。秋の紅葉の時季になると、ひときわ

美しく冴えわたる場所である。

だが、そのときは美しさが違うのだ。あまりにも美しすぎるのである。もう何回も目にしてきた光景なのに、まるで違うのだ。

いったい自分は、何を見ていたのだろう！

その色彩の、あまりの美しさに、ただただショックだった。

目の前に広がる光景の、絶妙なまでの美しさに！

美そのものが、攻撃的ともいえるくらいに、これでもかと視界に飛び込んでくる。まさに、痛いくらいの美しさだった……。

これは、今から20年ほど前の、私自身の日記から抜粋して、少し手を加えたものである。突然に訪れた、かつてなかったような意識状態に驚き、書き留めておいたものだ。

「……その美には、〝生命の躍動〟とでも表現したらいいような、ある種のエネルギーが放射されていた。すべての生き物から、生き生きとした輝きと、非常な幸福感が伝わってきた。生命への深い畏敬の念が押し寄せ、気持ちが震えた。この生命エネルギーは、自分の内側からも強く放射されているようだった。光の泉のごとく、溢れるように湧き上がってくる。全身を包み込む、たとえようもない幸福感、全体に溶けて消えそうな自己の存在、深く癒されていく心、この感覚を、何と表現したらいいのだろう！　これが「愛」というものなのか？　そうだ。これこそが「愛」だ。これこそが、私が求め続けてきたものだ。決して経験したことのない愛。だが、ずっとむかしから知っていたような、懐かしい思い。親子の愛でも、男女の愛でも、兄弟愛でも、博愛でもないが、そのすべての母体としての愛。愛は、世界の至るところに浸透し、遍満していたのである。生命と愛とは、同じエネルギーの異なる側面だったのだ。生命は愛であり、愛は生命だったのだ。愛がなければ、そこに生命はなく、生命は、愛がなければ生まれない。そうか、そうだったのか！」

私は、何事も、結論を下すには慎重な方だと思うのだが、しかしこのときは、自信をもって断言できるのである。愛と生命が、同じひとつのエネルギーであり、至るところに充満しているということが。それがゆるぎない真実だと〝わかった〟のだ。

なぜといわれても説明できないし、証明することもできない。しかし、1＋1は2であるという以上に明確に、当たり前のこととして、このことを認識したとしかいいようがない。

とにかく私は、湧き上がる愛と生命のエネルギーに圧倒され、この自然の、この地球の、あらゆる存在が、愛しくてたまらなくなった。できればこの胸にすべてを抱きしめたいと思った。すると一瞬だが、もうすでに、自分はすべてを抱きしめているのだという、不思議な感覚が肉体を貫いた。また、私という存在はどこにもなく、同時に、どこにでもあるという、奇妙な思考が脳裏をよぎったのである。私は、なんとしてもこのすばらしい愛に報いたいと思った。

日記にはこう綴られている。

「すべてが愛しい！　この世界のすべてが！　生命あるすべてのために、世界のために、何かさせていただければ、もうそれで幸せである。あとは何もいらない。今までに経験した辛いことや悲しいこと、失敗や挫折などは、まったくとるにたりないものだった。それよりも、愛と奉仕に生きること、それだけが人生の目的であり、それだけが唯一、心を傾けるべき重要なことであり、あとはもう、本当にどうでもいいことだったのだ！　大切なのはただ、愛に生きること。人生にそれ以上のことも、それ以下のこともない。ただそれだけしかないのだ……」

結局、この意識状態は数分ほど続き、その後、少しずつ薄れていき、1時間もたたないうちに、またもとの状態に戻ってしまった。

だが、このときの体験が、その後の生き方を大きく変えることになったのである。

普通の人が普通の生活を送りながら、だれでも悟りを開くことができる

私は、いったい何を体験したのだろうか？

調べてみると、それは「宇宙意識」だとか「至高体験」といった言葉で呼ばれていることがわかってきた。

たとえば20世紀初頭に刊行された、カナダの哲学博士リチャード・モーリス・バックによる『*Cosmic Consciousness*（宇宙意識）』には、次のように書かれている。(※1)

「宇宙意識とは、文字通り宇宙的な生命と秩序の意識である。宇宙意識に目覚めると、人は新し

く生まれ変わり、英知と悟りがもたらされる。精神は高揚し、えもいわれぬ高尚な歓喜に包まれ、道徳観念が促進される。これは実に衝撃的な体験で、単なる知力の増進よりも重要な意味をもつ。自己の本質は、不死なる永遠の生命であるとの自覚が訪れるのである」

そして、過去に宇宙意識を覚醒させた人物として、釈迦、イエス、パウロ、プロティノス、モハメッド、ブレイク、ホイットマン、モーセ、ソクラテス、パスカル、スピノザ、スウェーデンボルグ、エマーソン、ソーロー、その他50名などの名前があげられている。

一方、こうした意識状態を「至高体験」と呼び、心理学の立場からアプローチを重ねたのが、よく知られるアブラハム・H・マスローだ。

マスローによれば、至高体験のときには、「驚異、畏敬、尊敬、謙遜、敬服といった、何か偉大なるものを眼前にしたような気持ちに圧倒され、この世界は、自分と切り離された存在ではなく、自分も世界の一員であり、全体そのものであり、宇宙そのものだという感覚が湧き起こってくる」といっている。(※2)

難解な言葉が並んでしまったが、要するに私は、東洋人にはなじみ深い「悟り」と呼ばれる意識状態をかいま見たようなのだ。

悟り——辞書にはこのようにある。「感づく、理解する、真理を知る」。

私は、「宇宙の真理」を、かいま見たとでもいうのだろうか？

だが、考察は慎重に進めなければならない。悟りというのは、出家して厳しい修行を重ね、やっとの思いで達成できる境地ではないのか？

たしかに、仏教でいう最高の悟り、いわゆるニルヴァーナ（涅槃）に至るのは、そう簡単なことではないだろう。しかし私は、そんなだいそれた修行など、した覚えはない。

ところがである。

ニルヴァーナではないが、それに通じる「小さな悟り」があるようなのだ。

禅でも、小悟と大悟といわれているが、ニルヴァーナを大悟、つまり大きな悟りだとすると、それに至るプロセスにおいて、小悟、小さな悟りの段階が、スペクトルのごとく並んでいるらしいのである。つまり、人は、小さな悟りを重ねながら、しだいに大きな悟りに到達していくようなのだ。

そして、小さな悟りであれば、程度の差はあれ、特に厳しい修行をしなくても、だれもが経験できると思われるのである。たとえば、バックが紹介した宇宙意識の覚醒者たちの顔ぶれをみても、すべてが宗教的な修行を積んだわけではない。たとえ、お釈迦様だって、最初はヨーガの先生に習い、少しずつ境地を高めていったのである。いきなりドーンと、究極の状態にまで突き抜けたわけではないのだ。そんなことをめざしたら、頭が〝オシャカ〟になってしまうに違いない。

最初はみんな、小さな悟りから始めていったはずである。

マスローがいうように、個人のレベルに応じて、悟りはだれもが経験し得るのである。実際、自分でも気づかずに、悟ってしまった場合も多いのだ。

たとえば、すばらしい音楽を聴いて感動したとき、充実した愛の体験をもったとき、あるいはどのようなきっかけであれ、非常な胸のときめき、意識が拡大した感覚、あらゆるものが美しく輝いて見えたり、世界との一体感や、満ち溢れる愛、生きているという実感、苦悩の癒し、甘美な幸福感、新たな可能性の発見など、こういったものを感じたことはないだろうか？

このとき人は、小さいながらも悟りを開いたと考えられるわけだ。

たとえば、ペーター・シェレンバウムという、スイスで活躍中のセラピストは、道を歩いている最中に起こった悟りの体験を、次のように伝えている。（※3）

「突然、私は熱い幸福感に包まれた。それは幸福などというものよりずっと大きく、可能な限りの深みにおける現実に触れた体験だった。私は立ち止まったまま、身体を貫いて流れるその甘美なシャワーを味わいつくした。まるで電気の霧雨が私の中に降り注いでいるようだった。太陽は天頂で静止し、私も一緒に動きを止めた。私の限られた日常、両親、学校は、人生で初めて色あせ、相対化され、私と世界との震えるような結合が成立した。私はこの結合以外の何ものでもなかった。私は大きな〝ここに〟と〝ともに〟のなかにあって〝全体〟とつながった」

繰り返すが、こうした体験をする人というのは、何ら特別ではないということだ。少なくとも表面上は、普通の生活を送っている人たちなのである。

〝少なくとも表面上は〟という意味は、やはり意識のどこかでは、悟りに向かう何らかのベクトルをもっていたと考えられるからである。それを紹介するのが本書なのだが、いずれにしろ表だっては、宗教的な修行など何もしていないのだ。

したがって、悟るためには出家して、何年も厳しい修行を積まなければ不可能というわけではないようである。普通の人でも、いや、むしろ普通の人だからこそ、普通の生活を送りながら、悟りは開かれるものではないのだろうか。「厳しい修行をしなければ悟れない」という思い込みそのものが、悟りを妨げているようにも思われる。

第一、厳しさという点では、世俗の生活もかなりのものではないだろうか。

寺の生活は、贅沢はできないにしても（贅沢な場合も珍しくないが）、食うに困ることはない。解雇やリストラ、生活の心配はないから、肉体的には厳しく、それなりの悩みはあるにしても、精神的には心穏やかに座禅でも組んでいられる。

しかし世俗のわれわれは、そうはいかない。いつ職を失い、路頭に迷うかわからない。煩わしい人間関係や難しい仕事で疲れ果て、家に帰れば、家庭の問題に頭を痛める。家族への責任が重くのしかかる。子供の教育費やローン返済が気にかかる。生きるためには、不本意な仕事でも、機械や馬車馬のごとくやらねばならない。そのわりには、家族から大切に扱われない。

ストレスで胃に穴があき、髪もどんどん抜けて、頭だけが〝坊主〟になってしまうこともある。ノイローゼになり、気が狂いそうになり、死んだ方が楽だとさえ思いたくなるときもある。

こうした辛さに比べたら、座禅や読経、断食や滝行などの方が、ずっと楽かもしれない。

だが、厳しい世俗の生活で自分自身を見つめるからこそ、中途半端な寺の修行などよりも、ずっと早く悟りが開かれていくのではないだろうか。

人生の新たな価値と魅力を発見する。悟りの世界こそが本当の現実か？

いずれにしろ、悟りの経験を重ねるにしたがい、世界は拡大していき、今まで見えなかったすばらしい可能性が、次々と開かれていくことになる。

道端に咲く一輪の花を見ても、月を見ても空を見ても、感動を覚えるほどの美と、科学的洞察を発見するようになるだろう。見飽きていた妻の顔、友人の顔、家族の顔が、新たな魅力と愛によって輝き始めるだろう。退屈に思っていた仕事が、奥行きの深い、有意義なものであったことを再認識するかもしれない。

人生のどのような側面においても、大きな価値と喜びを見いだし、いつ、どこで、何をしても、それなりの味わいを楽しむようになるだろう。人生とは、ある種のゲームのようなもので、大金持ちになっても、貧乏農場で働いても、ゲームに勝利をおさめるようになる。それはまるで、白黒写真のような冬の世界が、色づいた春の世界に変わるかのようである。この世界を、この人生を、惚れ直すようになる。

決して、外的な世界が変わるわけではない。悟りを開いても、出世したり成功したり、女にモテたり、裕福になるわけではない。もちろん、眠っていた才能や魅力が目覚め、結果として成功や幸運に恵まれることは、あるかもしれない。実際、そうなる可能性は非常に高い。その点では、悟りこそが最高の「自己実現の道」だといえるかもしれない。

しかし、それでもなお、それは副次的なことなのである。

悟りとは、ありのままに自由に、この世界を生きることだからだ。人生にひがんで隠遁する生き方でもなければ、富や名声に埋没した生き方でもない。俗にあって俗に染まらず、善にも悪にも染まらず、人マネでない自分自身の人生を送ることなのである。

それにしても、今こうして、あの悟り体験を思い出していると、自分でも不思議な神秘体験をしたように思われる。読者なら、なおのことそう思われるに違いない。

ところが奇妙なことに、あの意識状態の最中は、少しも神秘だとは感じないのだ。それどころか、きわめて当たり前の、本来の状態に戻った気さえするのである。

むしろ、われわれのいう〝普段の状態〟の方が、よほど不思議であり〝神秘体験〟であり、尋常ではなく思われるくらいなのだ。あの意識から、われわれが〝普通〟と呼ぶこの状態を振り返ると、不思議で仕方がないのである。というのも、
いったいなぜ、この世界に満ちている美しさと愛に、気がつかないのか？

なぜ美しいものが、そのまま美しく見えないのか？

なぜわれわれは、お互いを愛さないでいられるのか？

こう思ってしまうからである。まるで眠っていたとしかいいようがないのだ。今まで現実と思っ

ていたのは、実は夢のようなもので、あの意識状態で認知した現実こそが、本当の現実ではなかったのか？　こう思えてしまうのである。

もちろん、私の体験が、私の主観において、いかにリアリティがあったとしても、それを客観的に証明することができない以上、この「現実」を人に押し付けることはできない。

それでも私としては、あきらかに〝目覚めた〟という感覚があったのだ。本来の自分に戻ったような感覚、自分が自分らしく、いきいきとしていられる感覚を〝取り戻した〟ように思われたのである。

言語を絶する荘厳で甘美な至福感。悟りは単なるハイな気分ではない

それともこの体験は、単なる〝ハイな気分〟にすぎなかったのだろうか？

なるほど、われわれは、音楽にしろスポーツにしろ、あるいは酒、ドラッグ、セックス、スリルに満ちた娯楽などにより、非常に爽快な気分になることがある。マラソンを長時間続けると、脳内の麻薬が分泌され、いわゆる「ランナーズ・ハイ」になることも知られている（そのため、マラソンがやめられなくなる人もいるそうだ）。

だが、こうした〝ハイな気分〟と、悟りの体験とでは、やはり異なるように思われる。それは、

次の2点において区別できると、私は考えている。

まず、悟りの場合、何よりもそこには、「愛の意識」あるいは「全体との一体感」と呼べるような感覚が優位を占めている。自我意識は希薄となり、自己が消失したようになって、外界との境界が取り払われ、すべての存在との非常な親密感や一体感を覚えるのである。

たとえば花を見ても、まるで友達のように思えてくるし、しだいに兄弟のように、そしてついには、自分自身のように思われてくるはずである。

それに伴う喜びもまた、ハイな気分の、どちらかといえば肉感的で限定されたエクスタシーではなく、無限とも思える精神空間に充満する、言語を絶した荘厳かつ甘美な至福感なのだ。

もちろん、単なるハイな気分のときでも、やさしい気持ちになったり、我を忘れるような感覚になったりもするが、悟りの場合、その愛は、特定の相手を選ばない。すべての存在に対する愛を感じ、それがエネルギーのように、意識の内外に溢れ出る感じがするのである。

これについて、インド生まれの思想家J・クリシュナムルティの体験が参考になるかもしれない。少し抜粋して紹介してみよう。(※4)

「道路を補修している男がいました。その男は私自身でした。私はその道路工夫のように感じ、考えることができました。鳥たち、ほこり、そして他ならぬその騒音すらもが、私の一部でした。私はあらゆるものの中にあり、というよりは、あらゆるものが私の中にありました。生命のあるもの、ないもの、山、虫、息づくものすべてです。私はこの上なく幸福でした。

私は生の源泉の、透明でけがれのない水を飲み、渇きは癒されたのです。私はあらゆる悲しみと苦しみを癒す慈悲に触れたのです。私は、輝かしく癒しの力をもった『光』を見たのです。『真理の泉』が私に開顕されたのです。そして暗闇は消滅したのです。愛がその最高の輝きで私の心を酔わせました。私の心はもう閉じることはないでしょう。私は『歓び』の泉、永劫の『美』の泉の水を飲んだのです。私は神に陶酔しました」

★公案「糞かきベラ」

ある僧が、雲門文偃《うんもんぶんえん》に尋ねた。

「仏というのは、どんなものですか？」

「糞をかき取るヘラだ！」

無門関

★公案「三斤《ぎん》の麻」

ある僧が、雲門文偃の弟子に尋ねた。

「仏というのは、どんなものですか？」

「麻が三斤ほどだ！」

無門関

人格と生き方が大きく変容する。究極の〝癒し〟としての悟り

さて、もうひとつの大きな違いは、体験後における人格や生き方の変化である。

単なるハイな気分の場合、それが去ってしまうと、ほとんど何も残らず（場合によっては空しさだけが残り）、人格の変容もなければ、生き方の変化も見られない。

しかし悟りの体験は、程度の差はあれ、必ずといえるほど人格の変容が起こり、生き方に変化が現れる。それは心のトラウマ（傷）の癒しだったり、とらわれのない平安な境地の確立であったり、愛と奉仕の実践だったりする。悟りの心境が深くなるにつれ、どんな人生の出来事にも感謝でき、不運から受ける心理的打撃でさえ、皆無とはいわないにしても最小限であり、病気や死に対する恐怖も、心を乱すほどの脅威ではなくなってしまう。

さて、以上の2点により、ハイな気分と悟りの境地とを区別できると思われるのだが、実際に両者を見分けるのは、なかなか難しい。ただ、それがどちらであれ、こだわる必要はないとも思うのだ。不健全な手段によらなければ、ハイな気分はそれなりにけっこうだし、悟りであれば、黙っていても人格と生き方に変化が現れるからである。

いずれにしろ、こうした悟りの体験は、人類の抱えるさまざまな問題の解決に、大きく役立つ

ものと期待できる。なぜなら、世界の病気は、結局のところ、人間ひとりひとりの病気が原因だからである。世界を癒すには、われわれひとりひとりが癒されなければならないのだ。

世界を愛と平和で満たすには、何よりもわれわれひとりひとりが、愛と平和で満たされなければならない。悟りを開くとは、いわば究極的な心の癒し、魂の癒し、世界の癒しだといえるのではないだろうか。

臨死体験に隠された悟りの真実。愛と英知をもたらす光の存在の謎

こうした悟りの境地と、非常に類似していると思われるのが、いわゆる臨死体験である。臨死体験者の証言の中に、悟りを開くための重要なヒントが隠されているのだ。

そこで、臨死体験について、ふり返ってみたいと思う。詳細については、ここでは割愛し、ポイントだけをなぞりながら論点を進めていくことにしよう。

臨死体験者の報告は、だいたい共通した次のような内容を持っている。

まず、病気や事故などで肉体が仮死状態になると、魂と呼ぶべきものが肉体から離脱する。それは最初、天井あたりに浮遊して、横たわっている自分の肉体を見下ろすことが多い。

その後、どこかよそにいって、そこの様子を見たりする。息を吹き返した後に尋ねると、その

報告が客観的事実と一致することがあるため、臨死体験は、単なる脳の幻覚というだけでは説明がつかない一面をもっているわけだ。

やがて、トンネルのようなものを通過する。それを過ぎると、今までの人生を「映像」として振り返り、反省させられるという経験をする。

すると次には、彼らが「光の存在」と呼ぶものに遭遇し、その後、天国のような美しい光景が目の前に広がるが、「あなたはまだこちらに来るときではない」といった声が聞こえ、気がつくと肉体に戻っている……。ざっとこんな具合である。彼らは異口同音に、死は恐ろしいものではなく、むしろすばらしい体験だといっている。

さて、ここで問題にしたいのは、「光の存在」なのだ。

光の存在に遭遇した際に生じる意識状態は、どの人も共通している。

それは愛であり、調和であり、英知なのだ。

落雷に遭って重症を負ったダニオン・ブリンクリーという青年は、仮死状態において、自分の肉体を天井から目撃した後に、トンネルを通過し、光の存在に遭遇するが、そのときの様子を次のように語っている。(※5)

「それが現れ出ると、愛という言葉の意味すべてに、すっぽりと包み込まれていくように感じた。恋人、母親、親友に感じる愛情を何千倍にもふくらましたかのような、深い愛だった。その〝光の存在〟が近づくにつれ、愛情はさらに強まり、もはや抑えがたいほどの喜びになったのだ。……

その光を見つめていると、彼（光の存在）ほどの愛情、共感、思いやり、はげましを私に与えてくれ、無条件で同情を寄せてくれる人など、どこにもいやしない、という気がしてきた」

一方、別の臨死体験者は、光の存在についてこう表現する。

「その光は、それは明るくて、私を包み込み、完全な愛と歓びで満たしてくれた。そうとしかいいようがないのよ。心が洗われるようで、穏やかな安心した気持ちになったわ」

他にもこの光は、「完全に無条件の愛」だとか、「愛そのもの」などと表現されているが、さらにもうひとつの側面をもっている。

それは「直感的英知」である。いかなる質問をぶつけても、瞬時にして解答が得られるというのだ。先のブリンクリーはこう説明する。

「光の存在と一緒にいれば、私は知識そのものになり、必要なことはなんでも知ることができた。問いかければ、必ず答えを得られるのだ。知識の海にしたたり落ちた一粒の水滴、あるいは光を知りつくした一条の光線にでもなったような気分だった。質問を思い浮かべるだけで、答えの核心を探求することができた。瞬時にして、光の働き、霊魂が物理的な生命と合体する仕組み、人間がさまざまな方法で考えたり行動したりすることができる理由、などを理解した。問いかけさえすれば、心に答えが浮かんでくる、という具合だったのだ」

一方、ベティー・イーディーという女性は、次のように語っている。(※6)

「その光には、あらゆる真理で私を満たす力がありました。何も疑わずに、光が私の中に注ぎこむにまかせてみると、頭で考えるよりも早く質問が浮かんでくるようになりました。そして質問が浮かんだその瞬間に答えが与えられてしまうのです。しかも、その答えは完全無欠なものでした……」

ただし残念なことに、肉体に戻って息を吹き返すと、こうした知識もうまく思い出せないことが多く、断片的になってしまうらしい。とはいえ、不完全ながらも、その英知は、その後の人生に大きな貢献をするようになり、内的直感として浮かぶようになってくるという。

人は何のために生きるのか？臨死体験者と悟りの共通点

こうして臨死体験者の証言に耳を傾けてくると、それはまさに、われわれが考察してきた悟りの体験そのものだといえないだろうか。しかも、その後の生き方が劇的に変化しているのである。彼らはどのように変わったのだろうか？　ある人はこう語る。

「私たちが長い時間だと思っているのは、実はほんの一瞬に過ぎない。そんなふうに考えると、モノにこだわるのが馬鹿馬鹿しくなりました」

また、ある人は、人を蹴落としてまで出世する気持ちがなくなったといい、ある兵士は人を殺せなくなったという。組織化された宗教を信じる気になれなくなった人もいる。

こうした言葉で代表されるように、物質的なこだわりが希薄になるのが一般的な特徴のようだ。そのかわり、日常の何でもないこと、たとえば自然を散策するといったことに喜びを見いだすようになってくるらしい。

これだけをみると、生きることに消極的になってしまった印象を受けなくもないが、実はまったく反対で、ただ情熱を傾ける対象が変わっただけなのである。別の方面において、以前よりも前向きに、いきいきして、時間を惜しみながら生きるようになったというのだ。

「人生の目的は、生きているかぎり毎日、会う人すべての心を明るくしてあげることだと思う」

「人を助けたいという、どうしようもないほど強い欲求を持つようになったんだ……」

先ほど出てきたベティー・イーディーはこう語る。

「(人生の目的は)お互いに助け合い、お互いの世話をして、相手を理解し、許し、そして仕えるためでした。私たちがこの世に生かされているのは、この世で生を受けたすべての人を愛するためだったのです」

臨死体験の後に、裕福な生活を捨て、病院でボランティアを始めたバーバラ・ハリスという女性は、自らの著作でこう訴えている。(※7)

「世界中の人を抱きしめ、愛したいという強い衝動を感じた。そういうことを伝えたかったのに、どう話していいか言葉が見つからなかった。……私はすべての人とつながっているという気持ちになった。……臨死体験が何のためにあるかというと、愛のためです。精神性こそ臨死体験の意味です。大切なのは、臨死体験で感じた愛を、この世の人たちに分け与えることなんです」
ある患者が語った次の感想は、臨死体験の、そして悟りを開いた意識のあり方を、簡潔だがよく表しているように思われる。（※5）
「病院で目覚めたとき、最初に目に入ったのは花でした。信じてもらえないかもしれないが、死から蘇ったあのときまで、花の姿を本当の意味で見たことがなかったんです。死んでみて学んだことは、私たちはみな、大きな生きた宇宙の一部だということです。ほかの人間や生物を傷つけても、自分自身には何の害もないと考えるのは、大変な間違いなんです」

光の存在を呼び起こせば、だれでも悟りは開かれる

臨死体験者を、これほどまでに変容させたのは、いったい何なのだろうか？

それは、彼らが証言しているように、「光の存在」より他には考えられないだろう。彼らは光の存在に遭遇することで、圧倒的な愛と英知の意識がもたらされたのである。

ならば、われわれが悟りを開くときにも、「光の存在」に遭遇するのだろうか？

私は遭遇すると考えている。はっきりと自覚するかしないかは別にしても、人が悟りを開くときには「光の存在」が関与しているように思われるのだ。

私の体験からいっても、視覚的な光こそ見えなかったものの、あきらかに光と呼べるようなエネルギーの存在を感じたからである。

つまり、次のようにいえないだろうか。

悟ったから光の存在に遭遇し、愛と英知がもたらされるのではなく、光の存在に遭遇して、愛と英知がもたらされるから、悟りは開かれるのだと。

あくまでも、悟りを開くのは、光の存在の出現なのである。

ならば、光の存在を意識に呼び起こすことができれば、悟りは開かれるのではないのか？

今までの考察から、そう結論してもいいように思われる。

では、どうしたら、光の存在を呼び起こすことができるのだろうか？

そのための方法を、次の第1章から探求していくことになるわけだ。

しかしその前に、探求の指針となる心構えのようなことを述べておきたい。

きわめて当然のことであるが、われわれは、目標となるものを求め続けていく気持ちが必要である。つまり、光の存在を心の底から求めていく気持ちである。

では、光の存在を求める気持ちとは、具体的に何なのだろうか？

それは「愛と英知」を求める気持ちに他ならない。愛と英知こそが、光の存在そのものだからである。特に、愛を求める気持ちが大切だと思う。

なぜなら、英知は愛を土台としているからだ。つまり、すべてと一体になることで、すなわち愛によって、そこからあらゆる情報を読み取った結果が英知に違いないからである。

いずれにしろ、愛を求めていくことが、悟りの入門であると思う。そして愛を表現できるようになったときが、悟りを開いたということになるのではないだろうか。

★公案「犬の仏性」
ある僧が、趙州従諗《じょうしゅうじゅうしん》に尋ねた。

「犬のようなものにも、仏の性質がありますか？」

「ない」

「なぜないのですか？」

「自分に仏の性質があることを知らないからだ」

無門関

悟りの喜びは、すべての人を同胞とする喜びである。助け合う喜びであり、分かち合う喜びである

愛を求めるとは、人生のあらゆる局面において「ひとつ」を求めていくことである。

繰り返し述べているように、愛とは、すべてとの一体感だからである。それは〝ひとつ〟に向かう運動であり、調和・和合・融合・合一への希求である。自分と縁のあるすべての事物をひとつに向け、一体化していくことが、愛を求めていくことに他ならない。

もしもこれと反すること、つまり「分離」に向かうのであれば、それは愛を求めていることにはならない。人との交際において、敵対し、差別し、離反する方向に解決の糸口を求めるのであれば、それはひとつに向かっていることにはならない。

また、不愉快なことが訪れたとき、それを忌み嫌い、悪や罪と見なし、避けるべき対象として分離するのであれば、やはり愛を求めていることにはならない。人生のこの部分は愛するが、この部分は拒否するというのは、「ひとつ」ではないからだ。無条件に、人生のすべてを不可分のひとつとして受け入れることが、すなわち愛を求めていくことである。

「そんなこと、できるはずがない！」と思われるかもしれない。

しかし、できる、できないを論じているのではない。事実、そんなことは、だれにもできないだろう。すべてをひとつに結び付けることができるのは、光の存在だけである。

われわれは、ただ、人生の指針として、光の存在に近づくため、そのような方向で生きていけるかどうかが問われているのである。

悟りの道を歩めるのは、どのような人なのか

臨死体験者がそうであったように、悟りを開くにつれ、あらゆる行動の動機が、自己中心から他者中心、そして全体中心（全体主義ではない）へと移り変わっていくように思われる。

だがそれは、倫理や道徳を尊重しているからではない。自分がそうしたいから、そうすることが嬉しいから、そうするだけなのだ。

マザー・テレサは、貧しい人に感謝するべきだといった。施しをする方が、される方よりも、喜びが大きいというのが理由である。そして、そういう喜びを知らない日本を「貧しい国」だといった。それはもう、今から30年以上も前のことである。

しかしながら、日本はそれから〝豊か〟になったのだろうか。むしろ、ますます貧しくなったようにも思われる。それは、世の中の病的なまでの犯罪や、毎年3万人近い自殺者、精神的に病んだ人の増加、児童虐待の増加などを見てもわかることだ。月並みな言い方だが、われわれは金やモノばかりに目を奪われて、心の豊かさを忘れ、もっと大切なものを犠牲にしてしまったツケが、今になって現れているようにも思われる。人間はあまりにも勝手なことをし過ぎた。たとえば子供の情操教育のためといって、犬や猫がずいぶん飼われた。高価なハスキー犬などがよく売れた。しかし必要がなくなると、簡単に捨ててしまったのだ。だから今では、捨てられたハスキー

犬を含め、処分される動物の数は、年間30万匹にも上るという。

だが、子供はそんな親からこう学ぶのではないだろうか。すなわち、自分に必要がなくなったものは、捨ててもいいのだと。そうして、子供は、自分にとって必要がなくなったとき、友人を、恋人を、そして親をも捨てるようになるかもしれない。

自然を描いた絵画はありがたがっても、自然そのものは、まるで恨みでもあるかのように汚し、破壊してきた。メダカやカエルの住む池や小川をつぶし、コンクリートで固め、それが美しいとか、発展などという奇妙な感性に取り憑かれて。「古池や蛙飛び込む水の音」と詠んだ、自然に対する日本人のすばらしい感性を、われわれはどこに忘れてきてしまったのだろう。

娯楽や利便性を追求するあまり、自然を破壊して建てたゴルフ場、レジャー施設、必要もないほどの広い道路、そのために住む場所を追われ、餌がなくなり、仕方なく人里に降りてきたクマやシカ、サルたちが、あげくの果てに撃ち殺される。これでどうして、子供たちに生命の尊さを教えることができるというのだろう。

自分だけは違うと思いたいが、同じ社会に生きている以上、程度の差はあれ、すべての大人たちは、社会が悪しきものになった結果の共犯なのである。だれひとりとして、胸をはって、子供たちに、いじめはダメなどといえない。そもそも大人の世界がいじめに満ちているからだ。人への思いやり、正義、忍耐といった美徳を教えられる人は少ない。まず大人が、このことを深く反省することから始めなければダメだと思う。

とにかく、こんなことはもうたくさんである。

金やモノではなく、文化と精神性ゆえに、世界から尊敬され愛され、また世界を尊敬し愛する国民になりたいものである。

悟りの喜びは、出世の喜びでもなければ、成功の喜びでもない。有名になったり、権力をもつ喜びでもない。裕福になる喜びでもなければ、物に囲まれる喜びでもない。物質的あるいは精神的に人の上に立ち、優越感に浸る喜びでもない。

悟りの喜びは、すべての人を同胞とする喜びであり、助け合う喜びであり、分かち合う喜びである。自然の美しさに感動する喜びであり、すべての生命の幸せを祈る喜びである。つまりそれは、愛の喜びである。それ以外にはない。

ただ、この喜びを希求する者だけが、悟りの道を歩むことができる。

《悟りを開くにしたがって生じる人格的な変容》

悟りによる人格的な変容を、箇条書きで列記してみた。もちろん、これらすべての特徴が現れるわけではない。悟っても個性が失われるわけではないからだ。およその目安として、参考までに見ていただければ結構である。


光明に溢れた心。

自由と解放。

あらゆるとらわれからの解放。
有害な感情からの解放。
内面的分裂や葛藤からの解放。
緊張やストレスからの解放。
いっさいの重荷からの解放。
ありのままの自分でいられる。
開放的でいられる。
裏表がなく警戒心なく生きられる。
いつでも自然体でいられる。
不動心の確立。
取越苦労がなくなる。
心の平安とバランスを保っていられる。
気楽で軽妙で飄々《ひょうひょう》として生きられる。
どんな状況でも人生を楽しめる。
アイデアやオリジナリティの発揮。
物事をありのままに、総合的な視野から見る。

物事を楽観的に考えられる。
他者に対して光明と喜びをもたらす。
差別なき友愛関係を結べる。
親切で思いやりが出てくる。
人間的な懐が大きくなる。
敵であっても傷つけることをためらう。
あらゆるものに感謝の念を覚える。
あらゆるものを大切にするようになる。
潜在能力の発揮。
自分の力量を最大限に発揮する。
優美で洗練された身のこなし。
自然治癒力の向上。
独創的な表現力の発揮。
当意即妙で臨機応変な対応。
すぐれた観察力と直感的英知の発揮。
生命エネルギーが溢れる。

第1章　自己イメージの消去

警察官が自宅に尋ねてくる。激怒するオウム真理教の教祖

序章の冒頭で紹介した私の悟り体験について、あれがどういう経緯で生じたのか、模索してみたい。ここから、悟りを開くためのヒントを見つけていただければと思う。

それは、すでに風化しかけている「オウム真理教」に関係している。

というのは、私自身、かつてはオウムの教祖、すなわち麻原彰晃から、悟りの教えを直接受けたことのあるひとりだからである。

ここでは、世界を震撼させた凶悪犯罪者オウムとは何者だったかという、ずいぶん論議されて

きた話題を繰り返すつもりはない。彼らの罪は罪として、とりあえず置いておきたい。ここで問題にしたいのは、オウムと私との、個人的で宗教的な内面のやりとりである。少し長くなるが、紹介してみよう。

オウムが社会問題となり、教祖が逮捕されて1年ほどたったたときだった。

突然、自宅に警察官が訪ねてきた。

押収したオウムの書類から古い会員名簿が見つかり、私の名前が出てきたのだという。あれから4回も引っ越しを重ねたというのに、よく現在の居所がわかったものだと関心したが、今頃になって、いったい何の用なのか不可解だった。

「私はとっくにオウムをやめていますが、どういったご用件ですか?」

警察官によると、逃走しているサリン実行犯をしらみつぶしに捜すため、一軒一軒、確認をとっているのだという。オウムをやめたといっておきながら、実は隠れ信者として逃走犯をかくまっている可能性があるというのだ。

そこで、あなたはもうオウムの人間ではないという証拠がありますかというので、証拠といっても困ってしまったのだが、とりあえず麻原教祖との間で生じた、あるトラブルについて話をし、それがきっかけでやめたことを告げた。

それは、1986年の晩秋のことだった。

その夜、私は、激怒するひとりの男から電話を受けた。

「あの記事、私の説教のマネだろう！」

受話器の向こうから聞こえてくる声は、私が真の宗教家だと信じた人物のものとは、とうてい思われない粗暴なものだった。この人物、麻原彰晃は、続けていった。

「君ねえ、私は世界の教師たる存在なんだよ。私のいうことが素直に聞けないのかね」

当時、私は駆け出しのライターとして、オカルト雑誌などに投稿をしていたのだが、ある記事で、ヨーガの行法について書いたことがあった。ところがその内容が、自分の説教をマネしたものだというのである。だが、私はマネなどしていないので、いうことを素直に聞け、といわれても困ってしまった。

「あれは平河出版社から出ている『続ヨーガ根本教典』という本を参考にしたもので、先生の説教のマネをしたのではありませんが……」

「いや違う！」

彼は間髪を入れず否定した。

「あの本には書いてない！」

断固とした確信をもっていうのである。

〝グルのいうことは絶対に正しい〟、そう教えられ、また信じていた私は、少なからず困惑を覚えた。いくら〝絶対に正しいグル〟がそういっても、現に私は、その行法が掲載されている本を手にしていたからである。そこで、仕方なく同じことを繰り返し告げた。

だが彼も、同じようにガンとして否定し、さらに声を粗げていうのである。

「とにかく、今から道場にこい！」

今からといわれても、夜も11時になろうとしている。埼玉県に住んでいる私が、当時、本部道場のあった東京の世田谷にいくには、急いで支度しても終電に間に合うかどうかわからない。

それに、なにも今すぐどうこうするほど緊急の問題ではないはずである。

結局、なんとか交渉の末、明日の朝一番にいくということで了解を得た。

周囲をかこまれながら、オウム幹部から尋問を受ける

あくる日、7時くらいだっただろうか。寒い朝だった。約束の時間より少し早く道場についた。たしか三軒茶屋近くの住宅街にあったと記憶しているが、道場といっても、当時は普通の一軒家だった。

玄関の椅子に座って時間がくるのを待っていると、麻原の一番の側近で、後に教団の「大蔵大臣」となったIが、電気ストーブを持ってきて足元に置いてくれた。ちなみにIと私は同じ年齢で、私は彼女のことを、ホーリー・ネームである「ケイマさん」と呼んでいた。

やがて時間がきて、部屋に通された。

真ん中には座布団が1枚敷かれてあり、そこに座るように指示を受けた。

まもなく、後にテレビで見かけるようになる幹部連中が、険しい顔つきでぞろぞろ入ってきて、私のまわりを取り囲むように座った。全部で10人くらいはいたと思う。

当時は、「オウム真理教」ではなく、「オウム神仙《しんせん》の会」という、ヨーガを教える小さな集まりだった。私は、麻原の書いた『超能力　秘密のカリキュラム』という本を見て連絡を取り、悟りを求めて半年前に入会したのである。

その後、合宿セミナーに二度、その他の会合にも二度ほど参加したと思う。その内容の詳細については後に触れるつもりだが、少なくとも当時は、みんな熱心に解脱や悟りを求め、瞑想や呼吸法などの修行に専念していたように思われた。

当時は、私の知る限り、布施の強要などはなかったし、温熱療法だとか、薬物の投与といったこともなかった。野菜などを煮ただけの質素なオウム食はあったが、麻原の入った風呂の水を飲むオウム水、血のイニシエーションなどもなかった。いわんや、サリンや武器製造といったことは、まるで無縁であった。

むしろ私は、この集団に、かつて2500年前、釈迦が弟子たちとともに修行していた、古きよき時代の面影さえ感じたくらいだった。私は麻原を、今までにない真のグルであり聖者であると思ったし、そこで行われている修行システムも、他の教団にはないすぐれたものだと関心したくらいなのだ。少なくとも、今回のトラブルが生じるまでは……。

周囲を囲まれた私は、「ただでは帰してもらえそうもないな」と感じた。

しかし一方で、すぐに誤解も解けるだろうとも思った。ちょっとした誤解なのだ。話せばわかってくれる人たちだ。そう思っていた。

ただ、その場に満ちていた、尋常ではない攻撃的な雰囲気は意外だった。セミナーなどの表の場では、そんな一面は微塵《みじん》も感じたことがなかったからである。

それにしても、私が何をしたというのだろう？

自分でも気づかないうちに、何かとんでもないことをしてしまったのだろうか？

私は麻原先生（当時、私はそう呼んでいた）の説教をマネしていないことは確かだし、第一、先生は超能力を持っており、人の心も、前世さえもわかるというではないか。そんな先生が、なぜマネをしたかしないかくらい、わからないのだろう？

そんなことを頭の中でめぐらせていると、麻原が不在のまま、〝裁判〟が始まった。もちろん私に弁護人などはいない。目の前にはテープレコーダーのマイクが置かれている。

私と対面するように座ったのは、記憶に間違いがなければ、後に陰の武闘派と呼ばれたHだった。だが、そのときは血気盛んな若者といった感じで、逮捕されたときの老け込んだ様子とは、ずいぶん印象が違っていたように思われる。

Hの隣には、後にロシア支部を担当したOがいた。Oは妹と一緒に入信し、ともに熱心に修行していたのが印象に残っている。私の横には「労働大臣」（オウム教団の中で勝手に作られた役職）のＹがいた。

Ｈは私をにらみながら、威圧的な態度で、私の記事のどこがマネなのか、ひとつひとつ説明していった。

ところが、問題の核心であるヨーガ行法については言及する様子がなく、その他の枝葉末節な事柄を取り上げては、これは麻原尊師が説法で語ったことだといい、第何巻のどのビデオに収録されているなどと、事細かに告げるのである。

たとえば、私の記事で使われていた「アストラル体の浄化」という言葉は、尊師が最初に述べられたことだというのだ。

アストラル体とは、神秘主義でいわれるところの、霊的な体のひとつで、アストラル体の浄化とは、感情を浄めることを意味している。だが、「アストラル体の浄化」などという言葉は、常識的に流通している言葉であり、だれが最初にいったとか、そういう問題ではない。

ところが彼らは、あくまでもそれは尊師が仰せられた言葉であり、マネでないなら、「アストラル体の浄化」という言葉が書いてある文献を示してみろという。しかし、急にそんなことをいわれても無理である。すると「それみろ、マネをしたんだろう」というのだ。

これにはまいった。ちなみに後で調べたところ、「アストラル体の浄化」という言葉は、簡単に文献で見つけることができた。いうまでもなく、麻原自身のオリジナルではないのである。

とにかく、他にもこんな調子で延々と続き、マネしたことを認めなければ、告訴するとまでいいだした。私は、まともな理屈は通じないと観念して、相手の話が終わるまで黙っていた。

そして言い分が終わったところで、懐から、

「マネはしていませんが、結果的に似てしまったことをお詫びします」

という、あらかじめ書いておいた詫び状を差し出した。

それを受け取ったHは、じっと見た後で、

「最初からこれを出していればいいんだよ」

といって態度がガラリと変わり、はじめて笑顔を見せた。

結局、問題となったヨーガ行法については、ひとことも言及されなかった。また、麻原もついに姿を現さなかった。

おそらく、麻原もHらも、私が引用した本を調べたのだと思う。そこで麻原の方が間違っていたことがわかったのだろう。しかし、〝真理の化身である絶対のグル〟が、間違いを犯したではすまされない。グルの威信にかかわることである。そのため苦し紛れに、どうでもいいような部分をマネしたといい、いわゆる因縁をつけて、あくまでも私に非があることを認めさせたのだと思う。グルと組織は、事実や正義よりも優先されるというわけである。

もちろん私の方が、麻原の間違いを指摘してやろうと思わなかったわけでもないが、彼とオウムの実体をかいま見た今となっては、そんなことはもう、どうでもよくなったのだ。とにかく、こんなところには、1分たりともいたくない気持ちになっていた。

そそくさと帰ろうとする私に、今度はIが近寄ってきて、

「尋問にかけるようなことをして、ごめんなさいね。これでも飲んでいって」

と、インド風のミルク・ティーを入れて差し出した。一方Oは、

「(文筆の)すばらしい才能をお持ちなんですねえ」

などと、笑顔でいった。Oはもともと温和な性格で、Hが威圧的だったのに対し、Oは常に柔和な対応を崩さなかった。

今から振り返ると、Hも含めてそこにいたすべての幹部が、私の正当性を本当は認めていたように思われる。ただ、グルの命令だから仕方がないといった様子で、なかば無意味と思いながらも、あのような尋問を行ったような気配が感じられるのだ。ただしこれは、私の勝手な思い込みかもしれないが……。

いずれにしろ、なんとか難を逃れた私は、その後1カ月ほどして、会員証と退会願いを本部に郵送して脱会した。その後、別に向こうから何かいってくるようなこともなかった。外面的には、オウムとの縁は切れたように思えた。

だが、本当の意味でオウムとのトラブルは、これからだったのである。

心に残る大きなしこり。オウム教祖の呪縛に悩む

自らの意志で脱会したとはいえ、私の心には、大きなしこりが残った。

私は、あんな男が、最終解脱者や聖者なんかで〝あるはずがない〟と思った。

つまり正直なところ、まだ心のどこかで、「もしかしたら彼は本物かもしれない」という思いが、払拭できないでいたのかもしれない。頭ではニセモノとわかっていながら、気持ちがついてこないのだ。拭っても拭っても頭から消えない。自分の頭が自分で制御できないことへの苛立ちと嫌悪が募っていき、あげくの果ては、麻原のもとで修行している夢を、しつこく見たりするのである。

「いったいなぜ、あんなインチキ・グルを忘れることができないのか？」

自分に腹を立てながら、何回も何回も自問自答を繰り返した。

その理由はやはり、麻原の持つ、頭の回転の速さ、博識、理路整然とした説教、そういったものが、実際かなり鋭かったからだと思う。単なる詐欺師として片付けるには、インパクトが強すぎたのだ。弟子がどのような質問をしても、迷うことなく瞬間的に、しかも系統立った回答をズバリと出す。これには驚かされた。空中浮揚などの超能力はインチキだとしても、彼が相当な知識と、動物的な鋭い勘を持っていたことは事実だと思う。

しかも、何を語るのでも、確信に満ちた口調なので、こちらはつい信頼を寄せてしまうのだ。彼は、どんなことも明確に定義し、物事の白黒をはっきりさせていた。それが実に痛快で、歯切れのよさが感じられるのである。

もっとも今にして思えば、それは単に、物事を一面でしかとらえていない短絡的な、ひとりよがりの独断が、かなり多かったことがわかるのだが、なにぶん宗教という、あいまいな世界をさ迷っている者にとっては、あのように幅広い知識と確信に満ちた態度で指導してくれる人物というのは、実に頼りがいがあり、魅力的に映るものなのである。

しかも彼は、近づき難い権威を振りかざす反面で、父親のような、妙に気さくな一面もあり、それらを非常にうまく使い分けて、弟子の心をつかんでいたように思う。

私も修行中に、「おまえは鈍感だなあ」などと笑ってけなされたかと思うと、「美しい光が内部に見えるよ」などと褒められたりもした。こういうアプローチをされると、弟子としてはたまらないわけである。それこそ〝尊師のためなら死んでもかまわない〟と思う弟子が出てきても、不思議ではないかもしれない。

だが、私が麻原を内面から追い出せないでいたのは、こうした彼自身のカリスマ性というよりは、その背後にある、さらに根深いものであることに気が付いたのだ。

オウム信者はなぜ洗脳されたのか。グル至上主義という落とし穴

それは、インド系の宗教を信じる人の間で、常識のように思われていることなのだが、真のグルに巡り会う幸運は、何百年に一度あるかないかであり、グルなしで解脱することは不可能だという、いわば暗黙の了解である。

教典などを読むと、悟りを開くうえでグルの存在がいかに大きいか、しつこいほど強調されている。オウムの信者がなぜ、あそこまで執拗に麻原への帰依を捨て切れないでいるのか、最大の理由は、この点にあると思われる。

たとえばミラレパというインドのグルは、かなり過激な状況に弟子を追い込み、悟りの指導をしたといわれる。グルがいかにひどいことをしようと、グルへの信頼を失わない弟子こそが、悟りを開いて解脱する資質があるとして、称賛されるのだ。グルというものは、いかようにも自分を変えて弟子をトリックにかけ、その信を試すと信じられているのである。

だが、こうした話は、インチキ・グルが弟子を盲信させるための、かっこうの言い訳になることも確かであろう。自分のボロが出そうになったら、

「ミラレパを見ろ！　グルというものは、ときにはペテン師のように弟子を試すものなのだ。グルを信じられないなら、解脱なんかできないぞ！」

といって脅し、弟子の疑いをかわして、自らの権威を保てるからである。

オウムに惹かれて入信するような人は、このような教えの書かれた本や仏典やヨーガ教典などは読破して理解している人が大部分で、そのために、解脱のできる優秀な弟子というのは、グルの命令であれば、どんなことも無条件に、死ねといわれれば死に、人を殺せといわれれば殺すほどの従順さと、何があってもグルへの信頼が揺るがない者であるということを、すでに叩き込まれているのである。言い方を換えれば、もともとグルを求め、グルに支配されることを欲する人間が入信してくるわけである。あと教祖がやることといえば、自分は最終解脱をしたグルだと宣言し、それらしく振る舞うことだけである。弟子は喜んで洗脳され、グルの機嫌を取るためなら何でもするようになり、グルへの信頼を揺るがす、いかなる情報に対しても、自ら心を閉ざすようになってしまう。

このように、あれだけ狂信的な弟子を周囲に引き寄せることができたのは、麻原自身のカリスマ性もあるのだろうが、それ以上に、もともと「グル至上主義」ともいうべき土壌が敷かれてあったことが原因であると、私は考えている。

悟りも修行も捨て去り、自分の無価値を自覚する

こういう事情により、私自身、オウムへの思いを断ち切れずに悶々としていた。

「私はもしかしたら、何百年に一度あるかないかの幸運をみすみす逃し、人生でもっとも大切な悟りの機会を失ってしまったのかもしれない」

「もしかしたら、あのときのトラブルは、麻原先生が私を試すために、わざと仕組んだテストだったのかもしれない」

などと、はたからすれば馬鹿馬鹿しいような思いが、脳裏から離れないのだ。

自分はグルのテストに失格し、グルに見捨てられた価値のない人間なのだという、罪の意識、自分を責める意識によって、絶望感でいっぱいになってしまうのである。

そんな心の状態が続いていたので、私はオウムをやめて以来、修行らしいことは何ひとつしなかった。というより、解脱も悟りも、自分には叶わぬこととして、あきらめてしまったのだ。

私は、自分が今まで何をしてきたのかと思うと、たまらなく情けなくなった。

大学を卒業した同年代の友人たちは、もう立派に働いていて、給料が出た、ボーナスが出たといって喜び、海外旅行へ行ったり結婚したり、充実した毎日を楽しんでいるというのに、私ときたら、いつまでも中途半端な生き方をし、根無し草のような生活を送っている。

それでも今までは、自分は精神的にひとかどの人物だという自負が、そんな引け目から救ってくれたのだが、それさえも今は、ボロボロに崩壊してしまった。

私は世俗においても、精神世界においても、何の取り柄もない無価値な人間であることを、容赦なく思い知らされたのである。

そして、残りの人生を、せいぜい世捨て人のように、ひっそりと送り、そのまま終えようと決意した。考えようによっては、それも悪くないし、第一それが、私にもっともふさわしいように思えたからである。

その頃、父母と一緒に、同じ埼玉県の田舎の方に引っ越した。安い原稿をぼちぼち書きながら、森や湖などを散歩するような生活を送っていた。まだ20代だというのに、まるで隠居した老人のようだったのだ。けれども、あれほど苦闘した悟りの道を、もう歩むこともないのだと思うと、不思議に穏やかな心境になった。

ところがこのときに、序章で紹介した悟りの意識が開かれたのである。

悟りが開かれた理由。私は生まれ変わったように感じた

いったいなぜなのだろう？

なぜ悟りの体験が開かれたのだろう？

思いがけなく訪れた、あのすばらしい意識状態を再びつかむために、自問自答を繰り返した。

まるで人生のすべてを超克したような、あの至福の時間を取り戻すために。

思い当たることといえば、今まで自分を支えてきたアイデンティティが、徹底的に崩壊されてしまったことである。

私のアイデンティティとは、修行者であり、グル麻原の弟子であった。それが自分自身を支えてきたのだ。霊的に選ばれた者だというプライドもあったかもしれない。

だが、それが砕け散ってしまった。プライドも存在の基盤も失い、唯一の目標であり悲願だった悟りも捨ててしまった。もはや何も残っていなかったのだ。まったくの空虚で、精神的には死んだも同然だったのである。

だが、空虚となったその意識の空間に、「光の存在」が流れ込んできたのだと思う。

心は深く癒され、あの体験以来、麻原やオウムへの未練、しこりなどは、急速に薄れていった。

あれほど悩んだのが嘘のように、やがて風化した記憶になってしまったのだ。

私は、生まれ変わったような気持ちになった。

あの悟り体験の最中ほどではないにしても、見るものすべてが新鮮で、特に自然が美しく輝くようになった。今まで夕陽というものが、こんなにも荘厳な美しさに満ちていたことなど、まったく知らずに生きてきたことがわかった。立ちどまって何分も何十分も空を見つめるなど、今までは決してやらなかったことを、やるようになった。

何げない日常の、退屈でつまらなく思えるような事柄の中に、なんと非凡な美とすばらしさが潜んでいることだろう。真実は、この世に平凡なことなど、何ひとつないのだと思う。平凡なのは、それを平凡としか見られないわれわれの感性なのだろう。

とにかく、さまざまな心のこだわりもだいぶ緩和され、春の朝日のように爽やかな、本当にすがすがしい気分となったのだ。

もちろん、24時間いつもこうだというわけではない。ネガティブな思いにとらわれ、心が乱されることもあるのは、以前と変わっていない。ただ、その状態から立ち直るのが、前よりも早くなった。スプリングのように、強い弾力で引き戻されるようになったのである。

それでも、悟りを開いた覚者といえるには、まだまだほど遠い。今なお馬鹿なことを考え、愚かな欲望につまずいてしまう。空の美しさがかすんで見えてしまうこともある。

だが、こんな私でさえ、多少なりとも悟りをかいま見たのだから、あなたならもっと高い境地を開拓できるに違いない。決して、自分には無理だと思ってはいけない。人間は前進しか許されていないのだ。宇宙は常に進化しているからである。

イメージが人を不自由にさせる。苦しみから一瞬にして救われる方法

こうした変容が、アイデンティティの崩壊によるものだとすれば、死んだと思った「自分」は、本当の自分ではなかったことになる。死んだのは、勝手な自画像であり、イメージだったのだ。こうした自己イメージが、まるで太陽光線を遮断する黒雲のように作用し、光の存在が意識に昇ってくるのを妨げているように思われるのである。

つまり、悟りとは、偽りの自己イメージが消え去り、空虚になったとき、そこに新しい本当の自分が姿を現すことで、開かれるのではないかと思うのだ。本当の自分は、自己イメージに縛られ、不自由な奴隷の身となっているわけである。

たとえば、子供の頃から杭に縛られて育った象は、大人になっても、逃げ出すことができない。自分には杭を引き抜く力はないと思い込んでいるからだ。つまりそういう自己イメージが頭にたたき込まれているのである。同様に、「おまえは悪い子だ」とさんざんいわれ、悪い子という自己イメージを植え付けられた子供は、人生に暗い陰を落としてしまうに違いない。悪い人は罰を受けなければならないから、その子供は、なかば無意識のうちに、自分に罰を与えるため、自らを不幸に陥れる行動に走ってしまうかもしれない。

あるいはまた、親から愛されなかった子供は、自分は愛されるに値しないという自己イメージ

を築きあげ、人を遠ざけて、孤独な人生を歩むようになるかもしれない。

たった一度の失敗によって「自分は無能だ」という自己イメージを形成させてしまったら、わざわざ成功を拒否するような生き方を、自らに強いるようになるかもしれない。

そして、「自分はグルなしでは悟れない」というイメージがあれば、実際、その通り、悟りは開かれないだろう。

イメージとはそれ自体、単なる心象であり、実体のない幽霊にすぎないのだが、それを現実だと思い込んでしまうのだ。そのため、翻弄され、自由を奪われ、苦しんでいるのである。自分が勝手に作り上げた「仮想現実」の中で。

それはまるで、不幸な役柄を演じている俳優のようでもある。あまりにも演技に夢中になり、すっかり役柄になりきってしまい、自分が俳優だということを忘れてしまったのだ。「私はリア王である」と思い込んでいる以上、シナリオ通り、その結末は悲劇でしかない。俳優は嘆き、苦しんでいる。いくら幸せを望んでも叶わない。

だが、自分は演技しているにすぎないことに気づき、そんな役柄など捨ててしまえば、いっさいの不幸や苦しみ、束縛から、一瞬のうちに自由になれるはずである。「リア王」という自己イメージさえ捨ててしまえば、悲劇のシナリオを演じなくてすむのだ。

★公案「不安な心」

達磨のもとに神光《じんこう》が尋ねてきて問うた。

「心が不安で不安でたまらないのです。この苦悩を取り去ってください」

「その不安でたまらない心を、ここに出してみろ。安心せしめてやる」

「出そうとしても出せません。心には姿がないからです」

「姿がないものに、どうして悩みなどあろうというのか」

それを聞いて、神光は達磨の弟子となった。

無門関

イメージをひたすら捨てよ。それが悟りへの道である

とはいえ、偽りの自己イメージ（エゴ）は、相当な頑固者で、そう簡単に脱ぎ捨てられるものではない。それが自分のアイデンティティとなり、本当の自分だと錯覚しているからである。そのため自己イメージを否定することは、自分自身を否定し、死に追いやることと同じになってしまうのだ。その結果、自己保存の本能が働き、イメージ消去を困難にしてしまうのである。

たとえば、いつも不幸な人というのは、不幸な自分というイメージが固定化され、それが自分

自身になっている。そのため、不幸でなくなりそうになると、自分が自分でなくなってしまうような、居心地の悪い奇妙な不安や恐怖に襲われるのだ。

その結果、防衛本能が働いて、幸せを妨げるような行動を（無意識のうちに）やってしまい、もとの不幸な自分に戻って〝安心する〟ことを繰り返すのである。

おそらく人間は、何らかのイメージによって自分を規定していないと、不安で仕方がないのだろう。「何者か」でないといられないのだ。たとえそれが否定的なものであっても、「何者でない」よりはマシなのである。「自分は……である」と決めつけることで、自己イメージを確立し、自己が保たれるからだ。だから人は、常に自分を何者かにしたがるのである。

課長である私。何々大学の出身である私。夫である私。父である私。弁護士である私。何々教団の信者である私。某地区の住民である私。家の所有者である私……。

これらは本来、社会的な立場や役割、過去の経歴にすぎず、それ以上の意味はないのだが、われわれはこうした規定をイメージとしてとらえ、自己存在のより所にする、つまりアイデンティティにしてしまうのである。

課長であることを自分のアイデンティティにしている人は、課長のポストを失うと、自分自身が否定されたようなショックを受ける。「課長である私」という自己イメージが破壊されたからである。だが、否定されたのはイメージであって、自分自身ではない。

事業に失敗して会社が倒産したとしても、失敗したのは事業であり自分ではない。失敗した原因が自分にあったとしても、「失敗」はあくまでも事業なのだ。自分ではないのである。

ところが、「何者か」というイメージに規定されていると、このことがわからない。課長の椅子の喪失は、イメージによって「自分」の喪失となり、事業の失敗は、イメージによって「自分の失敗」、「人生の失敗」となってしまう。だが繰り返すように、イメージは現実ではないのだ。

したがって、「何者か」というイメージで縛られている限り、悟りを開くことはできないのである。なぜなら悟りとは、本当の自分に目覚めることであり、本当の自分は、この世のいかなる規定によってもとらえることはできないからである。

本当のあなたは、課長でもなければ、何々大学の出身でもなく、夫でも父でもなく、弁護士でも、何々教団の信者でも、某地区の住民でも、家の所有者でもない。この世のいかなる言葉を用いても、本当のあなたを表現することはできない。

つまりこの世では、あなたは「何者でもない」ということなのだ。

「私は何者でもない」ということを、徹底してめざしていくこと、つまり、あらゆる自己イメージを捨て切ることの中に、悟りの鍵があるように思われる。イメージというイメージを、捨てて捨てて、捨てまくるのだ。イメージとは夢である。それは「絵に描いた餅」にすぎない。

そうして、イメージが消えてなくなっていくと、自動的に本当の自分が顔を出すようになる。

黒雲が消え去って美しい月が姿を現すように。その美しさは、言葉やイメージを超えたものである。それは竜宮城を見た浦島太郎のように「絵（イメージ）にも描けない美しさ」であり、松島を見た芭蕉のように「松島や　ああ松島や　松島や」と言葉にならない。それが悟りなのだ。悟りはイメージを超えたところに存在する。

人生の苦難を乗り越えた人たちは、どうして悟りを開くことができたのか

以上のように、自分は何者かであるという規定が壊され、自己イメージが消されると、人は悟りを開く。たいていそれは、何らかの外的な事情、たとえば失敗や挫折、不幸や災難といった、悲痛な出来事、不安や絶望が伴う出来事がきっかけとなることが多い。

心理学者のジュリアス・シーガルは、ベトナム戦争、捕虜体験者、難病やレイプ、身体に障害が残るような事故、子供の死といった人生の苦難を経験し、それを乗り越えた人たちを調査して、彼らがその後、どのような変容を遂げたのかを、詳細にまとめている。(※8)

まず顕著に見られる特徴は、視野が広くなり、人生をあらゆる角度から評価するようになり、人生の価値観が変わったことだという。

「今では、より広い視点から世界をとらえられるようになりました。あらゆる角度から物事を見ることができるようになったのです」

戦場から生還したイスラエル兵士はこのようにいい、別の兵士は次のようにいっている。

「より重要なものと、あまり重要でないものとを区別できるようになりました」

いったい、〝より重要なもの〟とは、何なのだろうか？

それは成功だろうか？　それとも富だろうか？　出世や名声だろうか？

そのどれでもないのである。

彼らがより重要だと思うのは、日常の平凡なこと、たとえば、家族と出掛ける休日のドライブ、友人との何げない語らい、猫を膝の上に抱いて可愛がること、寝る前にベッドで好きな本を読むこと、四季折々の自然を楽しむこと、コンサートへ行くこと、散歩すること……、こういう当たり前のことが、重要に思えるようになってきたというのだ。

ある上院議員は、癌で亡くなる直前にこう語ったという。

「名誉、政治家としての成功、経済状態といった問題は、突然、重要ではなくなりました。上院の議員という地位、預金残高、自由国家の威信、といったことをまったく考えなくなりました。……意味のないプライドのために、作り物の価値観のために、また侮辱されたと感じたために、自分自身をだめにしていたときのことを思い出すと――最高の健康状態にあったときのことでさえ――ぞっとします」

一方、死を目前にした人たちの様子を克明に研究調査したE・キューブラー・ロスは語る。

「家をいくつ持っているか、ハンドバッグや黒テンの毛皮のコートをいくつ持っているか、ということを私に話した人は一人もいませんでした」

そして次のように続けている。

「死を目前に控えた患者が話すのは、ごく些細な、ほとんど見過ごされそうな人生の瞬間なのです。たとえば子供とどこに魚釣りに行ったか、ということを話します。彼らは、こうしたことを支えにして、人生の終わりへ向かっていくのです」

ある癌患者はこう語っている。

「人との関わりが、かけがえのないほど重要なものだということがわかります——友人や家族が大切だということが——他はすべて、まったく取るに足らないことなのです」

社会一般の価値観からすれば、何の変哲もない、むしろ平凡で退屈な出来事に、これほど大きな価値と意味を感じるようになったのである。まさに、今まで考察してきた「悟りの境地」そのものではないだろうか。

人生の苦難を経験し、あるいは死を目前にして、自分を規定してきた自己イメージが破壊されたのである。偽りの自分は死に、本当の自分が目覚めたのだ。

そのため、かつては自己イメージを支えるのに有用だった地位や名声、あるいは黒テンの毛皮などに、何の意味も価値もなくなってしまったわけである。

そのかわり、イメージという〝曇りガラス〟が打ち破られた目に映ったのが、日常生活の中にある非凡さ、その美しさとすばらしさだったのだ。彼らはもはや、イメージという夢の世界に生きてはいない。「現実」の中で、真実に生きるようになったのである。

腎臓移植の後に人生を再出発したある女性は、気持ちをこめてこう語っている。（※8）
「人生に陶酔しています。空の美しさを見てください！　なんて澄みきった青空でしょう！　花園に行きます。花はみんな、とても素敵な色で咲いています。その美しさに目が眩みそうになります。人生の本当の喜びが一体どういうものであるかが、私には全然わかっていなかったのです。本当に生きることができるようになるために、私は、死と間近で直面しなくてはならなかったのです。私は、生きるために死ななくてはならなかったのです」

リストラも倒産も怖れる必要はない。自由と平安と喜びを手に入れる方法

自己イメージが希薄になり、「自分は何者でもない」と思えるようになるにつれ、最初のうちは、人前で裸になるような不安を覚えることがある。だが、それを通り越すと、肩の荷が軽くなり、自由ですがすがしい、今までに味わったことのない新たな心境が開かれていく。

たとえば、あなたはサラリーマンで、いつリストラされるか、あるいは会社が倒産してしまうかわからず、毎日が不安で仕方がないとしよう。

たしかに、現在の職を失えば、生活水準を低くしなくてはならず、かなり大変かもしれないが、生きていくだけの仕事は、えり好みさえしなければ、まだまだけっこうあるだろう。

ところが、今までそこそこの会社に勤めていたというプライド、つまり自己イメージが、それを許さないのだ。生活水準が低くなることの苦しみより、プライドが傷つけられる苦しみ、友人たちから軽蔑されはしないか、笑い者にされないかという不安や世間体、そういった苦しみの方が、かなり大きいのではないだろうか。もしも水準の低い生活が苦しみだとしたら、そういう生活をしている人はみんな不幸ということになるが、そうではない。

しかし、そんな自己イメージを捨て、過去の自分と決別し、ありのままの裸の人間として存在を確立すれば、苦しみのいっさいから解放されるに違いない。いざというときは、喜んでどのような仕事もするだろうし、それが自分自身の価値とは無関係なことにも気づくであろう。リストラや会社倒産を心配する不安な日々からも解放されるに違いない。

そのため、かえって仕事に身が入り、業績をあげて、リストラどころか、出世する可能性だって、案外あるかもしれないのだ。たとえ、そううまくいかなかったとしても、自己イメージという、そもそも実体のない幻想を捨てただけで、どれほどすばらしい自由と平安と喜びが手に入るかわからないのである。

やや極論かもしれないが、自己イメージさえなければ、この世にはいかなる苦しみも存在しないように思われる。

たとえば、ブランドの服を着て自己イメージを高めなければ満足しなかった人が、事情があってスーパーの安売り品しか着れなくなったとしよう。すると、街中を裸で歩いているような恥ずかしさと苦痛を味わうに違いない。

だが、その苦痛は実在するだろうか？

実在するのであれば、安物の服ばかり着ている人は、いつも苦しんでいなければならない。だが、そんなことはない。

つまり、客観的な実在として、苦しみなど、この世に存在していないのである。

ただ自分が勝手に「こうあるべきだ、こうあらねばならない」というイメージを抱き、それに反することを苦しみだと決めつけているから、苦しいと思うだけなのだ。

苦しみは存在しない。ただ「苦しむ人」がいるだけである。

ただ、苦しみを演じている俳優がいるだけなのだ。

自己イメージをたちまち消去し、あらゆる悩みを解決するテクニック

では、自己イメージを消去するには、どうすればいいのだろうか？

実は、この問題は本書の全編を通したテーマでもあり、すべての章は、直接的にも間接的にも自己イメージの消去をめざしている。

しかし、中でも効果的なのは、先ほどのケースで見たように、苛酷な人生の苦難を経験するこ

とである。うまく乗り越えられれば、すみやかに悟りの境地に近づける。

とはいえ、それは自ら招くわけにもいかないし、待っているわけにもいかない。それに苦しみが伴うため、一歩間違えば、つぶれてしまう危険性もある。

期せずして、そのような状況に追い込まれたときにだけ、運命を心静かに受け入れ、悟りへのステップにすればいいと思う。これについては後の章でも扱うことになるが、基本はやはり、次に紹介する「無抵抗の理解」なのである。

われわれの本質は、愛と英知そのものの「光の存在」である。それは崇高で美しく、最高の幸せで満たされている。ここにはいかなる悪もなければ、醜いことも、不幸も苦しみもない。これが本当のわれわれの姿なのだ。それをまず自覚する必要がある。

ところが、自己の内面を静かに観察していると、実にさまざまな観念や想念、感情や思考、雑念などが次々に湧いてくる。こうした現象は、後の章で詳しく論じるように、本当の自分とは直接に関係のない、いわば脳の機械的な部分が勝手に作動しているために生じている。

たとえば、同じ歌を何回も聞かされると、しばらくその歌が、頭の中で繰り返し聞こえたりするが、これと同じ理屈で、われわれの潜在意識には、過去のさまざまな想念が蓄積されており、それがイメージという形で脳裏に浮かんでくるだけなのだ。

われわれの意識は、こうした過去のイメージと、現在の経験から湧き上がるイメージとで、いっぱいに占められているわけである。

だが、こうしたイメージを、力づくで抑え込み、消そうとしても、あるいは無視を決め込んでも、まずうまくいかない。一時的には消えたように思えても、単に抑圧させただけであり、いつか爆発してしまう。イメージは、気にすればするほど、相手にすればするほど、あなたの〝気〟のエネルギーを取り入れ、自らを増強させていく性質をもっているからである。

そこで、最良の手段は何かというと、〝相手にしないこと〟なのだ。

イメージの存在は認め、それを理解し、味わいはするが、それを変えようとか、消そうという能動的なことはいっさいせず、ただ傍観するだけ、ただ受け流すだけでいいのである。

そうすれば、イメージはエネルギーの供給源を断たれたことになり、あたかも充電されずに放置されたバッテリーのように、少しずつ放電していき、やがて無力化してしまうからである。

目をそらさず、逃げたりせず、しっかりと見つめ、理解するだけなのだ。どんなイメージが現れても、「それは善い、それは悪い、それは醜い、それは不幸だ」といった評価もしない。

とにかく〝完全に無抵抗〟であることがポイントとなる。たとえ、自分の内部から湧いたとは思いたくないほど下劣なイメージであっても、静かに受け入れ、下劣だと決めつけることなくその印象を味わい、身を浸すのだ。悲しければ、悲しみとひとつになるのである。わざわざ〝悲しもう〟としたり、あるいは、〝悲しむのはやめよう〟とすることも、ともに能動的な行為である。そうではなく、悲しみの感情を、自分が鏡になったように、じっと映し出すのだ。

鏡は、どんなに汚い物を映しても、まったく汚れたりしない。同じように、どんなに汚く醜くいイメージを心に映し出しても、心自体が汚れることはない。それどころか、ますます浄化されていくであろう。なぜなら、生じたイメージは消えていくからである。

以上が、「無抵抗の理解」である。要するに、消えていくイメージをつかまえないようにすることなのだ。ポイントを以下にまとめてみよう。

無抵抗の理解

1　私の本質は愛と英知の「光の存在」であることを自覚する。
2　内面に湧き上がる否定的な感情や想念は、頭脳の機械部分の反応にすぎず、私が起こしているのではないことを自覚する。
3　感情や想念を鏡に映すように一体化し、抵抗せずに理解し、逃げずに味わう。
4　他人ごとのようにサラリと受け流し、後を追わず、消滅したのだと放っておく。

無抵抗の理解によって、運命はどんどん好転していく

「無抵抗の理解」は、人生に対処する基本的な心構えでもある。

人生には、辛く嫌なこと、苦しいことが生じるが、それらを無抵抗の理解によって受け流すこ

とで、運命が好転していくからである。なぜなら運命とは、多くの場合、自分のイメージが外部に投影された結果であるからだ。つまり、悪いイメージが悪い運命を形成するのである。

そのため、無抵抗の理解により、意識に沈殿している悪いイメージを放電させ、受け流してしまえば、運命はどんどん好転していくことになる。「放電」とは、悪いイメージが消え去っていく現象である。それだけ、悪い運命の形成因が消滅しているということなのだ。

早くいえば、意識に不愉快なイメージが湧いてきたということは、それだけ浄化されているということであり、それだけ運命がよい方向に変わっていることを意味しているのである。

だからこそ、悪いイメージが意識に湧いても、「ああ、自分はこんな悪いことを思っている。これではいけない」とか「辛くて悲しい。もう人生はおしまいだ」などと相手にして、せっかく消えかかったイメージに、再びエネルギーを与えないことが大切である。

ただひたすら、その思いや感情を鏡のように映し出し、腰を据えて見つめ、ひとつになり、無抵抗に理解し、味わっていればいいのだ。そうすれば、イメージは急速に消滅していく。

自己イメージを知るための、4つの視点を活用する

自分がどのような自己イメージをもっているか、あるいは形成しようとしているか、それを知

るために、次の４つの視点が参考になるかもしれない。これにより、自分がどのようなイメージをもっているか自覚したら、あとは無抵抗の理解によって消去するとよい。

1　何げなく口にしたり思ったりしていないか？

たとえば「私は不幸な星の下に生まれたんだ」とか「どうせ自分は学歴がないんだ」と口にしたり、思ったりすることはないだろうか。あるいは本気でなくても「自分は馬鹿だからなあ」などと繰り返したりしないだろうか？　その他にも、自分自身を何らかの枠組みに縛り付けていたり、規定していたり、限定していたり、誤解していたりする想念がないだろうか？

2　感情（特に不快な感情）に注意してみる。

たとえば、いつも何々先生と呼ばれている人が、「何々さん」と呼ばれたときに不愉快な気分になったとすれば、「自分は先生と呼ばれるべき人物である」という自己イメージを形成していた可能性があるわけだ。あるいは、何か新しい仕事をまかせられたとき、前向きな意欲ではなく、不安を覚えるのであれば、自分を劣った人間として思い描いているのかもしれない。

3　must や should の言葉を使っていないか？

「自分はこうあらねばならない」「自分はこうあるべきである」という、特定の方向に自分を形成しようとする信念が強すぎる場合、自己イメージが形成される原因となる。しかも、しばしば信念とは反対の自己イメージを形成してしまう。たとえば「私は強くなければならない」というとき、暗黙のうちに「自分は弱い」という自己イメージを形成しているわけだ。本当に強ければ、自分が強いという信念をもつ必要はないからである。信念のすべてが自己イメージを形成するとは限らないが、もしもmustやshouldの言葉が出てきたら、ちょっと立ち止まって注意していただきたい。

4　無意識的な行動に注意してみる。

たとえば、会議のときや授業のとき、いつも目立たない後ろの方に腰掛けてはいないだろうか。これは「自分は有能ではない」という自己イメージをもっている可能性がある。また、友人や恋人などと親密になってくると、決まって交際を遠ざけたり破談させたりする場合、自分は愛されない存在だとか、あるいは何らかの罪の意識のような自己イメージをもっている可能性も考えられる。このように、偏った行動、パターン化された行動、不自然な行動をしていないかチェックしてみると、そこに自己イメージを発見することがある。

《悟りを開くヒント》

・自己イメージが消えたとき、悟りは開かれる。
・自己イメージが消えたとき、人生の重荷から解放され自由に生きられる。
・自分は不幸な役柄を演じている俳優だったと気づくことが悟りである。
・人生の不幸を乗り越えたとき、新たな世界と人生の真のすばらしさに目覚める。
・苦しみは存在しない。ただ苦しむ人がいるだけである。

・自分は何者でもないと思えるまで自己イメージを消すこと。
・イメージを捨てて捨てて捨てまくれ。それが悟りへの道である。
・「無抵抗の理解」、これがイメージ消去の基本である。
・イメージを消去すると運命も好転する。

第2章　怒りからの解放——「権力回路」の改造

光の存在の正体は何か。悟りとは高度なインスピレーションである

臨死体験者は、光の存在に遭遇したとき、限りない愛の他に、いかなることも瞬時に知り得る英知がもたらされたと語っていたが、私の場合も、不完全で断片的ながら、光の存在の英知が深層意識に入り込んだように思われた。

というのも、あの悟り体験以来、悟りや神秘主義の研究を続けても、新しいことを学んだという感覚が、あまりしなくなったからである。具体的な知識はともかく、その根本にある原理原則については、「このことはすでに知っていた」という感じをもつようになったのだ。それはまるで、

〝思い出した〟ような感覚なのである。

小さな悟り、つまり光の存在が意識に接近すると、そこから放射される愛と英知の光を、それだけ受けることになる。その程度に応じて、直感的な英知が授かるのだろう。しばしば脳裏にひらめくインスピレーションやアイデアなども、おそらく光の存在が源泉なのだと思われる。その意味で悟りとは、非常に高度なインスピレーションの一種だといえるのかもしれない。

ところで、光の存在とは、そもそも何者なのだろうか？

ある臨死体験者が光の存在に対して「あなたは神ですか？」と尋ねると、「そう呼びたければそう呼んでもかまわない」と答えたという。この表現は微妙である。もし神ならば「そう。私は神である」というであろう。ところが、「そう呼びたければそう呼んでかまわない」というのであるから、神ではないが、究極的には神とつながっているという意味において、神と呼んでもかまわない、ということなのだと思われる。たとえるなら、川の上流、中流、下流のようなものだ。上流が神であるなら、光の存在は中流なのである。そして、下流が私たち人間ということになる。

「中流」に存在する光の存在とは、いわゆる守護霊や守護神、あるいはハイヤー・セルフ（高次の自己）と呼ばれるものではないかと思われる。しかし、結局それも、神を源流とする一筋のエネルギーの流れであるから、光の存在は「神」だといえるのであり、下流である私たち人間もまた、究極的には神だということができるのだろう。

光の存在とは、神であり、また私たちの本当の姿なのである。したがって、悟りとは光の存在と遭遇することであり、究極的にはひとつになることだと考えられる。換言すれば、光の存在、すなわち、本当の自分を思い出すことが、悟りであると考えられるのだ。

では、どのようにすれば、光の存在を思い出すことができるのだろうか？

たとえば、われわれが何かを思い出そうとするとき、どんなことをするだろうか。

まず、考えるのをやめ、頭を空にしようとするはずである。頭に余計なものがあれば、かすかな記憶が脳裏に昇ってきても、混乱してわからないからである。

そして、その〝余計なもの〟が、すでに考察してきた「自己イメージ」なのだ。自己イメージがあるために、なかなか本当の自分が思い出せない、つまり悟りが開かれないのである。

そのために第1章では、自己イメージを消去する基本的な方法を紹介したわけだが、第2章から第4章にかけては、さらに一歩踏み込んで、自己イメージを形成している「本体」そのものを無力化する方法について、探求していこうと思う。

愛は取り戻すことができない。愛されない不安と虚無感

一般に、人生を左右するほど強い自己イメージは、幼年期あたりから形成されるものとみて間違いないだろう。このときに、どういう環境に育ち、どういう教育を受け、どういう体験をした

かにより、その後の人生航路がおよそ決定されるといっても、過言ではないと思われる。

私の場合、それは幼稚園に入る少し前、両親が離婚したことにあると思うのだ。ここで、私事で恐縮だが、自らの体験を素材にしながら、この問題について考察を深めていきたいと思う。

よくある「性格の不一致」という理由から、父母の間で喧嘩が絶えず、そのため一時的に、私は東北の田舎にひとり預けられることになった。

ちなみに、それには次のような経緯がある。

離婚する直前、母と喧嘩ばかりしていた父が、ある女性霊能者のもとに相談に行ったのである。その後、私が成長してからも、この霊能者には何回かお世話になったのだが、実際、驚くべきアドバイスをする人で、たとえば親戚の嫁と姑の問題で相談したときも、霊能者は行ったこともないはずの家の間取りを正確に言い当てた上、どことどこを直して二世帯にして住むようにと告げた。そしてその通りにしたら、問題は解決してしまった。その他の相談にしても、おそるべき的確さで、予言などもほとんどはずれたことがないのである。

さて、家庭の事情を聞き、しばらく合掌して精神統一をしていた霊能者は、とりあえずこの子、つまり私を、東北の実家に2年間は預けなさいと告げたのだそうだ。今の環境においていては、この子は将来、とんでもない悪い人間になるというのである。

まるで悪魔の子ダミアンだといわんばかりだが、しかし2年間、平和で、自然の豊かな環境で育てるならば、どうやら天使のようなよい子になるらしかった。

そういうわけで、私は辺鄙《へんぴ》な田舎に預けられ、その間は主に祖母の手で育てられた。毎晩のように母親がいないといって泣いていたらしいが、それでも霊能者の忠告とおり、自然に恵まれ、平和で穏やかな宮城県の田舎の生活は、夫婦の修羅場にいるよりはよかったと思う。

ところが父は、いろいろ事情もあったのだろうが、予定の半分、つまり1年間で、私を東京に連れ戻してしまった。このときも父は霊能者に相談に行ったのだが、霊能者は断固として2年間は預けなければならないと語ったという。しかし子供への情からそれができないというと、霊能者はため息混じりに「仕方ありませんね」と答えたという。

家は売り払われ、新たな生活は、貧しいおんぼろアパートから始まった。冷蔵庫も洗濯機も、洋服ダンスもない有り様だった。だが、まもなく二番目の母がやってきた。

言葉遣いが穏やかな、やさしい女性だったという記憶がある。私はすぐにこの人が好きになり、雑誌の付録などで仲良く遊んだことを覚えている。

しかし彼女もまた、1年ほどたったとき、ふいといなくなってしまった。

あるとき、父と2人で外出し、ひとり留守番をして待っていると、夕方になって父だけが帰ってきたのだ。「お母さんはどうしたの?」と聞くと、父は一通の手紙を手渡した。

〝約束した『鉄人28号』(当時のテレビ番組)を一緒に見れなくてごめんなさいね……〟

手紙にはこう書いてあった。これが別れの手紙だということは、子供でもわかった。そのとき自分という存在が、暗く果てしない深淵に沈んでいくような、たまらなく空虚な思いに襲われたのを、今でもありありと覚えている。それは得体の知れない、実におそろしい感覚だった。

私は、二度も母親から見捨てられた、愛されない子供なのだと感じたのだと思う。それが私の自己イメージとして、心の奥に刻まれてしまったような気がする。そう思う理由は、愛情を求める〝こだわり〟が、その後の人生の随所において、顔を出してきたからである。

しかしまもなくして、三番目の母がやってきた。彼女は私に対して、非常に深い愛を注ぎ、今日まで育ててくれたのだった。母は犠牲的なほど献身的に世話をしてくれたが、基本的なしつけには厳しかった。私はそういう育て方をしてくれたことに感謝をしている。

だが、産みの母と急に姿を消してしまった二番目の母によって形成された自己イメージは独り歩きし、癒しきれていないようだった。三番目の母の多大な愛情が飢えを満たしてくれたというよりは、愛情過多と愛情飢餓が、水と油のように混ざることなく同居したような、妙な違和感が、胸の奥につかえてしまったような感覚であった。

おそらく、一度受けた傷を、後で補修することは、なかなか難しいのだと思う。親の愛情に恵まれなかった子供が、成人して親のおっぱいを吸い、親に甘えたとしても、仮にそんなことができたとしても、取り返しはつかないのだ。受けるべきときに受けなかった愛を、後から補充することは難しいのである。

だから、その傷は、大人になっても背負い続けていかなければならない。それがよくいわれるアダルト・チルドレンなのだろう。その傷のために、思春期になると拒食症だとか家庭内暴力、心身症やノイローゼといった、さまざまな問題が生じてくるのだろう。

しかし私の場合は、そこまで深刻ではなかったようだ。少なくとも表面上は、精神の健康を保っているつもりである。かといって、問題がないとも決して思っていない。おそらくかなりの人が、私と同じ正常と異常との境界線上、いわゆるグレー・ゾーンにいるのだと思う。

だが、こういう人は、あきらかな症状として表面化しないがゆえに、病巣が潜在的に繁殖し、それが微妙に本人を苦しめ、不幸にしてしまう危険性があるようにも思われる。

私の場合は、「自分は愛されないのだ」という不安と空虚感が、無意識のうちに行動に影響を与え、人生までも方向づけるようになったように思われるのだ。

もしもあのとき、霊能者の忠告とおりに、2年間を田舎で過ごしていたなら、事情は変わっていたのかもしれない。1年間という歳月は、私を悪魔にしたのだろうか、それとも天使にしたのだろうか。私の心には、その両方が住んでいるように思われる。

失恋で立ち直れないほど傷つくのは、いったいどのような人なのか?

私の自己イメージが顕著な影響を及ぼすようになったのは、高校生のときだったと思う。

もともと機械いじりが好きだった私は、将来はロボットの義足や義手などを作るエンジニアになりたいと思っていた。こういう福祉的な分野を選んだのも、障害をもった人々に尽くすことで認められ、愛されたいという無意識的な願望からだったのかもしれない。

私は、なんとしてもこの夢を実現したかったので、数学や物理といった理工系の勉強に没頭した。しかし成績はあがらず、ついにはとんでもない成績を取り、能力の限界を思い知らされることになった。そして追い打ちをかけるように、当時、思いを寄せていた女の子に失恋した。

このとき、失恋が非常な苦しみを伴うことを知った。もう生きるのさえ嫌になったほどだ。そのため、楽に自殺できる方法などを考えたこともあった。

ところが世の中には、失恋でさほど苦しまない人もいる。この違いは、親の愛を十分に受けたか否かによるのかもしれない。無力な子供にとって、親の愛と保護を得られないほど恐ろしいことはない。それは死を意味するからである。

ある人にとって失恋は、そんな恐怖を煽り立てるのではないだろうか。異性などたくさんいるのだから、失恋など大した打撃ではないはずなのだが、それを親の愛の喪失とだぶらせてしまう人にとっては、（異性の）親がこの世にたったひとりしかいないように、失った異性も、この世でたったひとりの存在になってしまうのだろう。そのために「あの人しかいない」といって、深刻に思い詰めてしまうのかもしれない。

もっとも、こうした恋愛も、歳を取るにつれて様変わりしてしまう。しだいに打算的となり、自己イメージを高める道具として相手を利用するようになるのだ。だから失恋しても、悲しみではなく、自分を振った相手への憎悪を感じるようになる。そういう人間がストーカーのようになるのかもしれない。私自身は、少なくとも当時は、ただひたすら悲しいばかりで、憎悪というところまでは感じなかった。

理数系の思考は宗教を透明にする。だが奥義までは理解できない

こうした精神的ショックが重なり、私は胃腸の調子をおかしくして、脊椎矯正の医院に通うはめになった。このときはじめて、人生の不条理を感じたように思う。薄暗い部屋で、背中をボキボキやられながら、人間の運命について思い悩んだ。

「幸運に満ちた人もいれば、不幸ばかりの人もいるのは、なぜなのだろう？」

「善人が苦しみ、悪人が栄える。神がいるのなら、これをどう説明するのだろう？」

「人生は、どのように生きるのがもっとも幸せなのだろう？　自分勝手にうまく立ち回り、悪いことをしてもバレなければ、それでいいのだろうか？」

こうした疑問を解くために、宗教や哲学、運命や心霊科学の本などを読みあさった。今までそんな本は、弱者や変わり者だけが読む本だとばかり思っていたにもかかわらず。

けれども、読み進めていくうちに、新しい世界が開けていった。人間の運命のメカニズムと、

その背後にある神の理念、数々の奇跡現象、霊のお告げ（今日でいうチャネリング）が示す、驚くべき宇宙と人間、霊界の実相の奥深さに、すっかり魅せられてしまったのである。今日の言葉でいえば「スピリチュアル」な世界に魅せられてしまったわけだ。

いつしか、障害者のためのエンジニアになろうという意欲は消えうせ、哲学や宗教的な方面へとのめりこんでいった。あれほど福祉的な理想に燃えていたはずの自分が、簡単に進路変更してしまう程度の情熱しかもっていなかったことを、少し恥ずかしく思った。

ただ、受験が目前に迫っていたこともあり、一応、めざしていた大学の理工学部を受けた。だが、〝幸運にも〟落第してしまったので、進路を180度転回し、浪人をして私大の哲学科へ進んだのであった。

希望する道に進めたのは幸運だったが、3年間も打ち込んできた理数系の勉強が無駄に終わったかと思うと、そのぶん、もっと遊んでおけばよかったかなと後悔もした。

だが、その後、精神世界を探求するようになって、このとき身につけた理数系の発想や思考力は非常に役に立った。宗教という、あいまいで混沌とした、少なからず迷信が渦巻く世界において、透明かつ明快な視点から物事を見ることができたからである。

この種の世界には、論理を軽視して直感ばかりを重視する人が少なくない。根拠もない言説（たとえばチャネリングのメッセージなど）を、安易に信じ込んで疑わず、それを直感の名のもとに正当化しようとしたりする。何でも直感といえば認められると思っているのかもしれないが、私からいわせれば、それは狂信であって、本当の直感ではない。

とはいえ、論理的な思考では、宗教の奥義は理解できないことも事実であろう。

当時の私は、伝統的な宗教、たとえばキリスト教だとか、日蓮や親鸞といった大乗仏教の信仰には関心がなかった。というのは、信仰や悟りなども、すべて理工学的なメカニズム、つまり論理によって説明できると考えていたからだ。

たとえば、日蓮宗では「南無妙法蓮華経」と唱えれば救われると説き、浄土教では「南無阿弥陀仏」と唱えれば救われるという。「南無」とは帰依するという意味であり、その後に続く文字は、前者はお経の題名、後者は仏の名前である。つまり、お経のタイトルや仏の名前に帰依しますと唱えているわけだ。

だが、そんなことで救われるはずがないと思っていたのである。

たとえば大学に入るのに、教科書を勉強せず、教科書の「題名」だけを唱えて入学できるだろうか？　担任の先生の「名前」を唱えていれば、それで入学できるだろうか？

大学（という浄土）に入り、大学生（という仏）になりたければ、勉強して学力を身につけるしかないはずである。つまり修行によって、自分が仏にならなければならないはずで、経典の題目や仏の名前をいくら唱えたとしても、救われるはずがないと思っていたのだ。

この考えは、しばらく私の頭を支配していた。しかしそれは間違いだった。どう間違えていたのかは、後にあきらかにしたいと思う。

科学としてのヨーガ行法。断食で肉体を浄化する

その点、ヨーガなどは、解脱への理論と方法が論理的に説かれてあり、当時の私を大いに引き付けた。ヨーガは宗教ではあるが、私にとっては「科学」だったのだ。それは人間改造の科学であり、迷信じみた信仰を土台とする宗教ではなかった。

そこでさっそく、まずは本を見ながら独学でヨーガをやってみた。

最初は、アーサナと呼ばれる体位法。ヨーガといえば思い浮かべる、あの奇妙なポーズのことだ。体位法の目的は、肉体の歪み、特に背骨の歪みを矯正すること、神経系統を調整すること、肉体を通して内的感覚を開発することである。これを毎日30分くらいずつやった。

次に呼吸法。基本的には、深く吸い込んでしばらく息を止めるというものである。呼吸法の目的は、神経系統の調整と、プラーナと呼ばれる生命エネルギーを摂取することである。以上の体位法と呼吸法が、いわばヨーガの準備訓練になる。

そして次の瞑想からが、本格的なヨーガ行法となる。最初の段階は、意識を内面に向けるための精神集中法で、具体的には両手で耳をふさぎ、内面に響く音をじっと聞くのである。最初は心臓のゴロゴロという音しか聞こえないが、やがてフルートのような精妙な音が聞こえてくる。この音に耳を傾けると、意識が内面に引き寄せられるとされている。

次の段階は、一定の事柄だけに意識を集中させる訓練。たとえば花なら花だけに意識を集中させる。そして最後の段階が、無分別に対象を感じる瞑想法であり、自他一体感を得るための観想法である。ヨーガ行法の神髄は、この最後の瞑想にあるとされている。

一方、こうした行法を続けながら、早朝に水を浴びたり、肉食をやめて玄米と菜食の食事に変えたり、断食などもした。断食は、最初は3日間くらいする。急に食べるのをやめるのではなく、数日前から少しずつ食事の量を減らしていくのだ。断食後もいっぺんに食べないで、重湯から始め、お粥になって、日数をかけて普通の食事に戻していかなければならない。

断食の主な効果は、体内の毒素を排出することである。断食をしていると、汗、痰、大小便などから毒素が排出されてくるという。たとえば煙草を吸っていた人は、身体がヤニ臭くなり、痰にまじってタールを吐いたりすることもあるという。

また宿便という、腸にたまっていた便が出てくることもある。宿便は血液を濁し、万病を誘発させる元凶とされ、この宿便を出すことが、断食の大きな目的のひとつである。

私は、この宿便を早く出してしまおうと、いくぶん大胆な方法を試みた。それは、あるヨーガ行者をまねたのだが、水道の蛇口にホースをつけ、一方を肛門に押し付けて、思いきり蛇口をひねるというものである。すると、みるみるうちに冷たい水が腸に入り込んでいく。限界までこれをやり、そのまましばらく肛門をしめてじっと耐える。そしていっきに排出するというわけだ。要するに、大規模な浣腸である。

だが、今から思えば、これはあまり賢明な試みとはいえない。というのも、腸内の有益な菌も流してしまうからである。実際、こんなことをしても宿便は出なかったし、目に見えた効果もなかった。かえって下痢のような不快な症状がしばらく残ったのを覚えている。

しかし、3日くらいの短い断食を何回か繰り返していたら、ついに宿便が出てきた。それはまるでタールのような、どす黒い便だった。しかも、何回水で流しても便器にこびりついて、きれいに流れないのだ。自分の〝腹黒さ〟には驚かされたが、宿便を出した後は、気分はスッキリとし、身体も軽く、頭脳も明晰になり、とりわけ記憶力が鋭敏になったように思われた。

とはいえ、肉体の健康は、修行を円滑にする要素ではあっても、修行そのものではない。中心はあくまでも瞑想である。だから、瞑想に支障がなければ、それほど神経質になって健康を追求する必要もないように思われた。

釈尊が出家した本当の理由は何か。精神世界の探求者に共通すること

大学時代には、こうしたヨーガの訓練に励んだり、いくつかの宗教団体に関係してみたり、精神世界のセミナーに顔を出したり、本を読むなどして過ごした（オウム真理教で修行したのはまだ先の卒業後）。あとは、こうした活動の資金集めとしていろいろなアルバイトをし、学校の勉強

は、専門科目以外は落第しない程度にやった。卒論は根本仏教における修行法についてまとめ、学内のコンテストで優秀論文賞をもらったが、いま読めばしょせんは学生の論文にすぎない未熟なものではある。だが、研究にかける熱意だけはあったようで、懐かしい気もしたりする。

こうして、精神世界のあちこちに顔を出し、いろいろな人と知り合うようになると、ひとつ面白いことに気がついた。それは、精神世界を歩むような人には、私と似たような経験、つまり幼少期から子供時代にかけて、愛の喪失を体験したり、あるいは虐待やいじめ、差別などの経験をしている人が、けっこう多いということである。

考えてみれば、釈迦がそうではなかっただろうか。

釈尊の母親は、彼を産んで間もなく死んでしまった。幼いゴータマは、母の愛に満たされず、それが心の傷になってしまったのだと思う。

その後、物心がつく年齢に達すると、恵まれた王子としての地位、幸せな家庭まで捨てて修行の道を選び、ひたすら歩み続けたわけである。

いったい何が、彼をそこまで駆り立てたのだろう？

それは、幼児期における愛の喪失体験ではないかと思う。

そんな心の傷をもつ子供は、心の奥に空虚な気持ち、癒されない気持ちを抱えながら生きることになる。それは寂しさであり、不安であり、疼きであり、せつなさであり、孤独である。満たされない愛を求める気持ちである。そんな愛の渇望感を、ずっと背負っていくのだ。

青春時代になっても、みんなが楽しいと思うことにも心から楽しめない。表面的には楽しさを装っても、心の中はいつも空しく孤独なのだ。

何をしても満たされない。どこにも安住の地がない。大人になり、酒を飲んでも、異性を抱いても、金や名誉をつかんでも、空しい気持ちから解放されないのだ。せいぜい、刹那的な快楽でごまかしながら、空しさから逃げ続ける人生を送るしかない。

だが、多少でも精神的な傾向を持っていると、精神世界に解決の手段を求めるようになるのだと思う。空虚な気持ちに立ち向かい、それを克服しようとするのだ。

母の愛を求める気持ちが、「真実の愛」を求める気持ちに変わっていくのである。なぜなら子供にとっては、母の愛こそが絶対的な真実の愛だからである。

しかし大人になると、母の愛に匹敵する絶対的な真実の愛は、もはやどこにもない。ただあるとすれば、それは精神的な世界、絶対の安心と保護を約束してくれるニルヴァーナしかないのである。愛の傷を背負った者は、ニルヴァーナという母の子宮に還り、一体化することで、はじめて傷が癒され、安息を覚えるのである。このことを、直感的に把握しているのだと思う。そのために、いつしか精神世界に足を踏み入れるのではないかと思う。

そういう根深い執念があるために、真実の愛をつかむまで、決して探求をやめようとしない。やめられないのである。空虚な気持ちが、常に心の傷を刺し続けるからだ。それにいたたまれず、道へ道へと駆り立てられ、真実の愛に満ちた故郷に帰るまで、その旅は続くのである。

釈尊は、そうして見事に、究極の悟りまで昇りつめたのであろう。

しかしながら、私の場合は、釈迦とは違い、母の愛を求める気持ちが、精神的な愛を求めるまでには、完全には昇華しきれていなかったように思う。愛の傷を癒すために、精神の愛と、肉体の愛の、両方を求める気持ちが芽生えていったからである。これについては後の章で紹介することになると思う。

いずれにしろ、こうした衝動につき動かされながら、宗教や精神世界のセミナー、断食、山籠もり、果てはオウムにまで足をつっこんでいくことになるわけだが、決して、好きでこんなことをやってきたわけではないのだ。自分の中に〝もうひとりの自分〟がいて、ムチを浴びせられてきたからである。

イエス・キリストの夢を見て、人生観が大きく変わる

もともと理工系の勉強をしてその発想で頭が支配されていた私は、根本仏教やヨーガのような、体系的で論理的な宗教に魅せられた。悟りというものは、決められた手順のプロセスを経ることで実現されると考えていたのである。それは宗教というより、ひとつの科学であると思っていた。ちょうど、工場のように製造過程を順に経ていけば製品が生まれるように、悟りというものも、そ

のような合理的で理性的なプロセスの産物であると考えていたのだ。

したがって、愛などという、歯が浮くようなことを説いているキリスト教などは、まるで関心がなかった。むしろ、軽蔑していたくらいである。愛なんかで悟りは開けるはずもないし、救いが得られるはずなどないと思っていたからだ。だから、大学時代は、もっぱら根本仏教の修行体系やヨーガの修行体系の研究だけに没頭する毎日を送った。

ところが、そんなあるとき、奇妙な夢を見た。

それは、螺旋《らせん》階段にキリスト教の信者たちが座っている夢で、なぜか私もその中に座っていた。そして、「これからイエス様が下からあがってこられる」ということになっていた。私はイエスなどにはまったく関心がなかったが、一応偉い人なので、礼儀だけはちゃんとしようと思い、正座して合掌しながら、イエスが昇ってくるのを待っていた。すると、まもなくして、イエスが螺旋階段の下から昇ってきて、ひとりひとりに合掌をしながら祝福を与えていった。そしてやがて、私の番がやってきた。イエスが私の前に立った。私は下を向いてただ合掌していた。これといって特別な気持ちはなかった。ところが、ふと顔を上げてイエスの顔を見たとたん、私は圧倒されてしまった。イエスの顔はすさまじいほどのまばゆい光で輝いており、そのため、顔の様子ははっきりとは見えなかったが、とにかく溢れんばかりの慈愛に満ちて微笑んでいることだけは感じ取れた。そして、イエスは私に祝福を与えてくれたようなのであるが、イエスから放射される光があまりにもすさまじく、私はただただ床にひれ伏すことしかできなかった。台風のような強烈なエネルギーがこれでもかと吹き荒れてきたのである。その光はまさに愛そのものであった。たとえようもないほどの愛の強風で私は吹き飛ばされそうになった。そして、その愛の、あまりの深さとあたたかさ、広大さ、崇高さに、とにかく圧倒されてしまった。そうして驚いて目が覚めたとき、まくらが涙でびしょびしょに濡れていた。

私はこのとき、絶対的な確信をもってわかった。それは、愛こそがすべてということだ。愛こそがすべてを癒すのである。イエスの愛は絶対的な愛であった。それは究極の愛であった。だれもイエスの愛から逃れることはできない。イエスの愛はあまりにも強烈で、その愛に勝てるものは何も存在しない。とにかく、愛こそがすべてである。そのように「思った」というレベルではない。そのことをはっきりと「知った」のである。

私はこの夢を見てから、180度考え方が変わった。悟りを開くのは、合理的な理性でもなければ知性でもない。究極的には、悟りを開いてくれるのは愛である。愛こそが悟りをもたらしてくれるのだ。もちろん、仏教やヨーガで説いている知性や合理的なアプローチを否定するものではない。それは悟りの道を歩んでいく上で必要なプロセスである。だがそれでも、その延長線上に悟りはない。最後に変容をもたらしてくれるのは、愛なのだ。愛がなければ、悟りを開くことはできない。私はそのことを絶対的な確信をもって理解したように思う。

それにしても、奇妙な夢を見たものだと思った。私は夢の中で実際にイエスと会ったのだろうか？　それとも、単なる夢に過ぎなかったのかもしれないが、いずれにしろ、当時はイエスには関心がなく、むしろ釈尊の方に多大な関心があったということだ。だから、釈尊が夢に出てくるならわからなくもないが、関心がないイエスが出てきて、しかもこんなにインパクトを覚えたというのは、不思議といえば不思議である。

しかし、そんなことはどうでもいいことだ。大切なのは、悟りにとって愛というものが核心になるということがわかったことである。

この夢以来、私はイエスに親しみを感じるようになった。聖書も読むようになり、イエスについても関心を持つようになった。そして、これは単なる気のせいかもしれないが、イエスが私の近くに寄り添ってくれているような、そんな気配を感じるようになった。

人は自我という機械の奴隷である。頭の中のロボットが人生を支配する

第1章において、イメージは、頭の中の機械的な部分が生み出していると説明したが〝もうひとりの自分〟とは、そうした頭脳が生んだ、いわば〝ロボット〟なのである。それはまた、「自我（エゴ）」と呼ばれるものである。

わかりやすく説明するため、車の運転を考えてみよう。

習いたての頃は、意識してブレーキやアクセルを踏み、ギヤを変え、ハンドルを操作しなければ

ばならないが、やがて身体が自動的に動いて、楽に運転ができるようになる。これが頭脳の機械的な側面である。頭の中のロボットが、あなたの代わりに運転してくれるわけだ。

だからあなたは、ラジオに耳を傾けたり、友人と話したり、別のことを考えたりしていても、目的地に着くことができるのである。

他にもこのロボットは、服を着たり歯を磨いたり、食事をしたり、入浴して身体を洗ったりしてくれる。私は本書をワープロで書いているが、ロボットがキー・ボードをたたいてくれるので、どのキーを押せばいいかなど気にせずに、文章だけに専念できるわけだ。

さて、「自我」というのは、精神のこうした機械性に、両親の影響、友人や学校の影響、宗教や社会の影響、本やテレビなどマスコミの影響、あるいは個人的な体験による影響などがインプットされ、その結果として生まれた価値観、思考パターン、願望、信念、偏見、思い込み、とらわれ、迷信などの集合体である。

これらが、ちょうどプログラムを実行するロボットのように、あなたの考えや行動を代行し、ついには、あなたの人生の進路を決めてしまうのだ。車の運転ならまだしも、あなたに代わって、あなたの人生を生きるようになってしまうのである。

これは、決しておおげさな表現ではない。人間の運命の大部分は潜在意識が決めるといわれるが、自我とは、その潜在意識を支配している中心だからである。

そして、自我がわれわれをコントロールするために用いる手段が、イメージなのである。

たとえば、「人を見たら泥棒と思え」と教えられた（自我にプログラムされた）子供は、その通りすべての人は泥棒であり、だれもが腹黒い性質をもっていると思うだろう。というより、そのように〝思わせられる〟のである。彼の住む「世界」には、悪人ばかりがうろつくことになる。自我がそういうイメージを投影するからである。つまり、自我がイメージの仮想現実を作り上げ、人をそこに閉じ込めてしまうのだ。

要するに、われわれは、各人それぞれの「世界」の中に生きているということになる。

私の世界とあなたの世界は違うのだ。もちろん、雨が降ればどちらの世界にも雨は降っているだろう。しかし、雨に対するイメージは違う。犬好きな人が見る犬と、犬嫌いな人が見る犬は、同じ犬でもずいぶん違って見えるはずである。一方は愛らしい天使のように、一方は不潔で恐ろしい悪魔のように見えるかもしれない。

客観的には同じ世界に住んでいても、イメージが違えば、その世界はかなり違ったものになる。こうして各人は、自分の作り出した「現実」に生きているのだ。自分で舞台を作り出し、役柄を演じているわけである。各人が各人のイメージに埋没しているのだ。もちろん本人は、イメージとは思っていない。あくまでも現実だと信じて疑わない。

だが、その「信じて疑わない」ことが大問題なのである。「自分はおかしいのではないか」「自分の世界は、本当ではないのかもしれない」と疑うことのできる人だけが、イメージという夢から覚め、イメージを作り出す自我の束縛から解放される可能性がある。

これではいけないと思ったからこそ、古今東西の偉人・賢者は、自我の影響から解放され、自由になる道を模索してきたわけである。

たとえばロシアの神秘家G・I・グルジェフもそのひとりである。

神秘家グルジェフが説いた「超努力」。意識を覚醒させた弟子の驚くべき体験

グルジェフは、自我の機械性を打破するために「自己観察」と「超努力」を説いた。

自己観察とは、人生を「ロボット」に任せるのではなく、意識的に自分自身で考え、意識的に行動するために、文字通り自分を常に観察していることである。

グルジェフが、自己観察の一環として考案した「ストップ・エクササイズ」という行法がある。グルジェフが「ストップ！」と声をかけたら、そのときにどんなことをしていても、弟子たちは行動をやめて制止しなければならない、というものだ。

たとえば、あくびをしている最中にこの声がかかったら、口をあけたままの姿勢を維持しなければならない。歩いていて片足をあげていたら、その姿勢で止まらなくてはならない。

このようなエクササイズをすることで、無意識に行動しがちな、つまり機械的に行動しがちな傾向を自覚し、それを打ち破ろうとしたのである。

さて、もう一方の「超努力」とは、自己の限界を越えた過激な努力をすることである。ロボットの機械的なパターン行動にショックを与え、自我への支配力を強化するためだ。

超努力について、グルジェフは次のように説明している。（※9）

「ある目的の達成に必要な努力を越える努力だ。私が一日中歩いて非常に疲れていると想像してみなさい。天気は悪く、雨の降る寒い日だ。夕方私は家に帰り着いた。まあ25マイル（約40キロ）ばかり歩いたとしよう。家には夕食が用意され、暖かくて快適だ。しかし、座って夕食をとるかわりに、私はもう一度雨の中へ出てもう2マイル（約3キロ）歩き、それから帰ってこようと決心する。これが超努力だ」

グルジェフは、超努力の一環としてダンスを教えていた。あるとき、弟子のひとりJ・G・ベネットが、体調が悪いにもかかわらず、耐え難い疲労感と戦い、歯を食いしばって苛酷なダンスの練習に身を投じていたときのことである。突然、次のような体験をしたという。

「私の身体全体に、たくましい活力がみなぎってきました。肉体が光に変わってしまったかのようでした。肉体の存在を、いつもの通り意識することがなくなってしまい、疲労も倦怠感も消え去り、自分の重ささえ感じなくなりました」

レッスン終了後、ベネットは、突如として湧き上がった自分の体力を試そうと、激しい勢いで穴を掘り始めた。夏の暑さにもかかわらず、1時間以上掘っても平気だったという。

その後、林の中を散歩したところ、彼は悟りの体験をかいま見ることになる。（※10）

「まわりの樹木は、どれもたいへん個性的だったので、林の中をどこまで歩いて行っても、この驚異の念を感じ続けるに違いないと思いました。『愛』という言葉が、浮かんできました。えもいわれぬやさしさと思いやりで、胸がいっぱいになり、それまでの自分は、真実の愛のもつ深さと幅をまったく知らなかったのだ、と思わずにはいられませんでした。愛はどこにでもあり、どんなものの中にもあるのでした。必要に応じて、どのような愛でも感じることができるのでした。しばらくすると、もうこれ以上は結構だ、という気持ちに変わりました。もっと深く、愛の神秘性の中にはまりこんでしまったら、生きることまでやめたくなる、という気がしたからです」

山に籠もっての断食修行。精神集中では悟れない

釈迦は苦行を否定したけれども、現実には、血の出るような難行苦行をしなければ、悟りは開かれるはずがないと、その頃の私は思っていた。

すなわち、悟りとは仏に〝なる〟ことである。なるためには、それがオリンピック選手であれ、力士であれ、あるいは医者や弁護士だろうと、大変な努力と訓練が必要であるに決まっている。いわんや仏など、人間としての最高境地である。それこそ並大抵の努力や苦労で到達できるものではない。こう信じ込んでいたのだ。

そこで、グルジェフのいう超努力をやってみようと思った。何でもよかった。限界まで打ち込めば、何か得られるかもしれないと思ったのだ。

最初は、どのくらい眠らないでいられるかに挑戦してみた。昼は大学に行き、夕方は家庭教師、そして印刷工場で夜勤のバイトをした。

だが、これは2日半でダウンしてしまった。眠らないでいることは、ある程度までいくと、意志や努力の問題ではないようだ。いくらがんばっても、いつのまにか気を失ってしまうのだ。そこで次に挑戦したのは、山に籠もっての断食だった。

ひとりリュックをかついで春の秩父の山に登り、登山コースからはずれた獣道を通って、小川のある人目のつかない場所にテントをかまえた。実はその前に四国に行き、空海が修行した室戸岬の洞窟に入ったのだが、そこで瞑想していると、観光客がやってきてへんな顔で見るので、仕方なく四国は断念して帰ってきたのである。

さて、5日間ほど節食した後に、断食を始めた。とりあえず2週間はやろうと決心した。最初の3、4日間だけ、果汁を少量飲んだが、あとは水だけでしのいだ。

断食中でも、山を下りて登るという運動を、雨の日を除いて行った。下るのはいいとしても、登るのは必死な思いである。身体はもうフラフラで、10歩ほど歩いてはしゃがみこんで休まなければならない。そのため、テントに戻るまでには、ほとんど一日中かかった。

やっとの思いでテントに戻ると、斜面を流れる小川に細工をして作った小さな滝を浴びて汗を流した。実に爽快な気分で、肉体が透き通っていくような感覚を覚えた。

その後はテントの中で、ろうそくを一本立て、炎を見つめて精神集中の瞑想をした。1時間ほどするのだが、さまざまな雑念が浮かんでは消え、浮かんでは消える。

あるとき、この瞑想中に激しい雷雨がやってきた。すさまじい落雷で、地面が揺れるほどだった。さすがにこれはまずいかなと思った。周囲には木しかなく、金属のようなものがあるのはこのテントしかない。真上に落ちたら、まず助からないだろうと思った。

最初は恐ろしさでいっぱいだったが、それでも精神集中に専念していると、奇妙なことに、恐怖心はなくなり、雷の音も気にならなくなった。もしかしたら私は、かなり悟りに近づいたのではないかと、ひそかに嬉しくなった。

だが、そうではなかったのだ。単に、感覚が麻痺しただけだったのである。人間の意識は、何かに集中すると、その他の事柄が麻痺してしまうのだ。

この原理を応用して、肉体の痛みや、戦場の恐怖を感じなくさせる兵士もいるという。あるいは、信者を洗脳する宗教団体が、一定のマントラや暗示の言葉を繰り返し唱えさせるのも、同じ原理なのだろう。人間の精神は、ひとつのことに凝り固まると、それ以外の思考や感情、感性が鈍くなり、麻痺してしまうのである。

もちろん、それをうまく利用すれば、イライラやストレス、余計な悩みから解放されるというメリットもある。

だが、いつまでも精神集中を続けていくと、ついには意識が固定化され、泣きもしなければ笑いもしない、無感情な人間になってしまうように思われる。こういう人は、不幸や苦しみがあっても、さほど悲しんだりしないし、他人の苦しみを見ても、平然とすましていられる。そのため、一見すると悟った者らしく見えることがあるかもしれない。

だが、それは悲しんでいないのではなく、単に〝悲しめない〟だけなのだ。心は本来、川のように流れているのが自然の状態である。悟りの境地とは、感情を凍結させるのではなく、流れるものは流しておけばいいと、気にとめない境地なのだと私は考えている。

どんなことであれ、それが不安であれ野望であれ、何かひとつのことに意識を奪われていると、人はしばしば、他人の痛みに対して信じられないくらい無神経、無慈悲になることがある。たとえば、狂信的な宗教団体の場合、信仰を共にしていたときは親切だったのに、脱会したとたん罵《ば》詈雑言《りぞうごん》を浴びせ、冷たい態度に変貌できるというのも、基本的に凝り固まった精神のため、部分的に人間的な感情が麻痺してしまった結果なのであろう。

したがって、興奮して落ち着きのない心を静めるときなど、一時的に行う場合は別として、雑念を邪魔物とし、それを排除する精神集中の延長線上に、悟りは開かれないと、私は考えている。雑念のあるなしは、あまり問題ではないのだ。雑念があってもそれを受け流し、気にしない意識でいられるかどうかが大切なのではないだろうか。

苦行の末に湧きあがる歓喜は、脳内麻薬の分泌であって悟りではない

さて、断食の方だが、苦しく感じたのは最初の3日から1週間ほどで、残りの1週間は、むしろ楽だった。空腹感や脱力感はあるのだが、苦しい感じはしないのである。そして、当初の目的である2週間が過ぎたので、断食を終えることにした。

復食の第1日目は、そば粉を湯に溶かしたものを飲んだ。ほんのわずかな量でも、みるみる体力がついてくるのを感じた。本当は、栄養学でいわれているより、ずっと少ない量で十分ではないのかとも思った。むしろそのほうが、より健康に生きられるのではないだろうか？

だが、こうして復食が始まると、今度は食欲との戦いで、ある意味で断食中よりも辛かった。なんとか我慢して、少しずつ量を増やしていき、10日ほどたってから普通の食事に戻った。

だが、本当なら断食の日数の2倍、私の場合なら4週間を、復食にかけなければならないといわれている。10日ではあまりにも短いのである。だが、そのときの私にとっては、10日という日数でさえ、あまりにも長く感じられた。

こうして、1カ月ほどの山籠もりが終わった。夜中には心細く思うときもあったが、孤独を感じるほどの日数ではない。それでもよくやったという満足感があった。

家に帰ると、ゆっくり入浴し、食事をしてボーッとしていた。

すると、奇妙なことが起こり始めた。

不思議な歓喜が、まるで泉のごとく胸からほとばしり出てくるのである。

何もしていないのに、とにかく嬉しくて嬉しくて仕方がないのだ。ただ生きているというだけで、嬉しさがこみあげてくるのである。

私は一晩中、眠らずに、ただ机に座って、喜びの涙を流していた。はたからみれば、さぞかし不気味だったに違いない。私は思った。

生きているということは、実はそれ自体がものすごい喜びなのではないか？　なのに、われわれが生に喜びを覚えず、倦怠や苦痛を感じるというのは、何かが間違っているに違いない。本当なら、生きるだけで嬉しいはずなのだ。幸せになるために、何も努力する必要はないのだ。このままで、幸せすぎるくらい幸せなはずなのである。

この体験は、しかしながら、悟りの意識ではないと思っている。悟りの特徴である愛の意識はなく、その後の生き方の変化も、あまりなかったからである。

要するに、単なるハイな気分にすぎなかったのだ。おそらく、断食によって苦しい状況が続いたため、脳内麻薬か何かが分泌されただけなのだろう。

アルコールや麻薬などの快楽に溺れると、その後の禁断症状に苦しむことは知られているが、逆に、苦しい経験をすると、その後には快楽の状態が現れるのかもしれない。

いわば、苦しみと快楽は振り子の両極のようなもので、快楽に傾くと今度は苦しみに振れるけれども、苦しみに傾くと、次には快楽に振れるのであろう。

インドの行者の中には、やたらに苦行をする者がいるが、これなども、反動としての快楽を味わうのが目的ではないのだろうか？

そして、そうして得られた快楽を、何か高い精神的な境地であるかのように勘違いし、聖者にでもなったように錯覚しているのではないのか？

だが、悟りとは、苦しみと快楽の間を行き来するようなレベルに存在するとは思えないのだ。もしもそうなら、苦行だけをして脳内の麻薬物質を常に分泌させておけばいいだろう。いや、もっと手っ取り早く、麻薬を打てばいいということになる。

それに、こういう苦行をしても、私の自我の機械性には、何の変化もないように思われた。胸の奥でうずく、愛の喪失の痛みは変わらず、空しさや寂寥感、不安に縛られたままだった。

まだまだ苦行が足りないのだといわれればそれまでだが、自我の機械性とまっこうから戦うグルジェフのやり方には、疑問を感じるようになったのだ。

彼の生きた19世紀から20世紀の代表的な機械といえば、機関車や自動車であろう。これらは、蒸気圧やガソリンの爆発による反発力を利用したピストン運動、摩擦を使うブレーキといったように、力と力の関係が基本となっているメカニズムである。

もしもグルジェフが、こうした機械を自我のモデルにしていたとすれば、やはり意志の力によって強制的に自我を制御しようと考えたとしても不思議はない。

しかしながら今日では、自我のモデルとしては、むしろコンピューター（ロボット）の方が、より近いといえるだろう。コンピューターを制御するには、力学的な強制力は必要ない。ただ静かに、スマートに、誤ったプログラムを書き換えるだけでいいのだ。それは力のレベルではなく、情報のレベルであり、まったく土俵が違うわけである。

悟りを開きたいという願望の陰に潜むエゴ。傲慢になって失敗しないために気づくこと

しかし私は、あいかわらず、悟りを開くには厳しい修行が必要だと信じこみ、真冬の早朝に水を浴びたり、断食したり、瞑想を繰り返していた。

だが、そんなことをしているうちに、いつしか高慢になっている自分に気がついた。

「どうだ、俺はこんなにすごい修行ができるんだぞ」

というわけである。悟りが目的のはずが、修行そのものが目的になっていたのだ。いや、自分の力を誇示し、人から認めてもらうことが目的になっていたのである。

ところが、上には上がいるもので、1カ月も断食したというような人がいた。するとそんな人に、妙な嫉妬心を覚えるのである。

あるとき、精神世界関係の場所で、私と年齢がほぼ同じ男性が、いかにすごい苦行をしている

かということを、だれも尋ねていないのに、得意げに話をするのをみかけた。そこで私が、「なぜそんな苦行をしているのか?」と尋ねると、「自我をなくすためだ」という答えが返ってきた。

私はこのとき、ハッとした。というのも彼は、自我をなくすためといいながら、逆に自我を強めていたように思われたからである。彼にとっては苦行が、優越感を満たすための手段になっていたのではないか?

そしてそれは、私についてもいえることだったのだ。

私は、悟りだとか解脱だとか、覚醒を求めるといっておきながら、案外、人よりもすぐれた、スーパーマンのような存在に成ろうとしていたのではなかったか?

悟りや解脱などと偉そうなことをいいながら、本当に求めていたのは、人に称賛されること、人より特別な存在として上に立つことではなかったのか?

なぜなら、ひとかどの人間になれば、私のことを愛してくれるかもしれないと、無意識のうちに思っていたからに違いない。社会的に成功すれば、幼いときの愛の喪失が埋められると思っていたのだと思う。悟ることによってではなく、悟ったように見せかけることによって。

私は、悟りを求める本当の動機が、単なる出世欲に基づいていたことに気づき、その高慢な俗物ぶりと、それがわからずここまできた馬鹿さ加減に、自分の顔を見るのも嫌になった。

だが、この後も私は、あいかわらず自我を喜ばせるだけの修行を続けていったように思う。表面的には自我を抹殺するだとか、悟りのためだといい、自分に嘘をつきながら。

そんな私に自覚を与えてくれたのは、修行とは直接には関係のない、ささいな出来事ばかりだったのだ。

★公案「捨ててしまえ」

趙州《じょうしゅう》和尚に厳陽善信《げんようぜんしん》が尋ねた。

「私は、一切を捨てて何ももっていません。私は、どうするべきでしょうか」

「捨ててしまえ！」

「捨ててしまえといわれても、もう何ももっていないのです」

「その、捨てるものは何もないというものを、捨てるのだ！」

趙州録

初老の牧師から脳天を打ちのめされて気づいたこと。イメージに騙されず本質を見る眼を養うために

たまたま、新宿のある教会の前を通ったときだった。同年代の若者たちが、これから牧師の説教があるので、聞いていきませんかと、前を通る人に声をかけていた。ほとんどの人は無視して通り過ぎていったが、声をかけられた私は、冷やかし半分でのぞいてやろうと思った。

ちょっとばかり修行のマネごとをしたり、宗教をかじっただけなのに、自分はすぐれた知識と高い境地を兼ね備えていると思い上がっていて、その牧師のあら捜しでもしてやろうと思ったわけである。

賛美歌などが歌われた後に、ひとりの初老の牧師が説教を始めた。説教の内容は、聖書の逸話に基づいたもので、まあこんな程度かといった感じで耳を傾けていた。

ところが、説教が終わると、その牧師は私に歩み寄ってきて、深々と頭を下げながら、

「私の話に熱心に耳を傾けてくださり、ありがとうございました」

といったのである。それは本当に、心から出た感謝の言葉のように思われた。わざとらしさは感じられなかった。品のよい紳士が、薄汚い格好をした生意気な若造に頭を下げ、話を聞いてくれてありがとうといったのだ。

私は脳天を打ちのめされ、完全に負けたと思った。自分の思い上がった馬鹿さ加減に、何ともいえない恥ずかしさと腹立たしさを覚えた。私が今まで積んできた修行だとか宗教的知識など、この牧師の人間的大きさに比べたら、ゴミよりもちっぽけなものだと思い知らされた。

侮辱されるとなぜ怒りを覚えるのか？
怒りのメカニズムを知れば怒りから解放される

こうした自惚れや高慢な気持ちも、自我が投影した自己イメージなのである。高慢になると、世の中の人々が〝馬鹿に見える〟のも、自我がそんな「現実」を構築し、自らを埋没させるからである。自我は、他者よりも優秀だという自己イメージを、必死になって投影しないではいられないのだ。

それはいったいなぜだろうか？

一般に、生物は、生きるためには優秀でなければならない。力の弱い者は自然淘汰され、滅びるしかないわけだ。われわれが原始人だった頃、猛獣と戦うために、十分な力が必要だったし、また自分の強さを誇示して、相手の戦闘意欲を失わせる必要があった。

もしも強さを誇示しなければ、つまり自分が優秀であることを示さなければ、敵に襲われたり、テリトリーを奪われる危険があったからであろう。

その名残りが、いわば本能的な衝動として自我にプログラムされているのだろう。そのためにわれわれは、自分が優秀であることを示そうとするのである。つまり、そういう自己イメージを形成しようとするわけである。

では、もしも自分が優秀であることが、相手に伝わらなかったら、どうなるだろうか？

自我は、身の危険を感じ、すぐさま攻撃態勢になる。そのために利用されるのが「怒り」の感情なのだ。怒りを誘発させれば、著しく戦闘意欲が高まり、生体はアドレナリンを放出して心拍数を高め、胃腸なども収縮させ、より多くの血液を筋肉にまわし、戦いにそなえてシステムを総動員することができるからである。

われわれが侮辱されると怒りがこみあげてくるのも、以上のような自我のメカニズムが働くためである。侮辱とは「おまえなんか劣っている。俺の方が上なんだぞ」というメッセージだからである。つまり自分は優秀だという自己イメージの否定である。自我にとってこれは、生存の危険を意味する。そのために攻撃態勢に入り、怒りという感情を誘発させるのだ。

けれども、こういう反応は、原始時代では有効だったかもしれないが、現代社会では事情が異なっている。われわれはもはや、生きるために猛獣と戦う必要もなければ、力を誇示する必要もない。肉体的な闘争など、強盗にでも襲われない限り、ほとんど必要がない。

にもかかわらず、自我という機械は、いまだに原始的な「怒り」という感情を誘発させ、肉体的な攻撃態勢を取ってしまうのである。それが大きな問題を生み、また悟りの障害になっているのだ。

たとえば、侮辱されたからといって、生活が脅かされるわけでもないし、給料が減らされるわけでもない。仕事が奪われるわけでもないし、愛する人を失うわけでもない。いわんや、生存にかかわることでもない。つまり、侮辱されても何の実害もない。

たとえ、侮辱によって何らかの実害が生じるとしても、怒りにまかせて暴力をふるえば解決するわけでもないだろう。むしろ、問題を拡大させるだけである。

このように、侮辱されたからといって、現代社会では、肉体的な攻撃態勢を取る必要もなければ、そのために怒りの感情を誘発させる必要もない。それどころか、有害である場合の方が多い。ある人は暴力事件を起こし、ある人は陰湿な手段に訴え、ある人は怒りを抑圧させて胃に穴をあけてしまう。どれも賢明な行動ではなく、善い結果を生むものではない。

それなのに、自我が不合理な怒りを誘発させてしまうのは、「自分は優秀だ」というイメージの否定が、「生存の脅威」であると解釈（誤解）してしまうからなのだ。

いまだに原始時代のプログラムで作動している自我にとっては、侮辱といえども、生存を左右する一大事なのだ。原始時代では、自分の力をなめられることは、相手の攻撃を受けて死ぬか、テリトリーを奪われるかの問題に直結していたからである。

まとめると、次のようなプロセスとなるわけだ。

侮辱↓自己イメージの破壊↓生存の危険性（という誤解）↓怒り

このテクニックを使えば怒りから解放され、悟りの意識に大きく接近することができる

結局のところ、われわれが怒りを感じるのは、自分は優秀だという自己イメージを脅かされるからである。では、なぜそんな自己イメージを形成するのかといえば、権力を誇示するためである。では、なぜ権力を誇示しなければならないのかというと、そうしなければ生存を脅かされると誤解しているからなのだ。

以上の一連のプロセスは、きわめて機械的な反応として実行される。それが自我のもつ機能のひとつなのだ。これを本書では「権力回路」と呼んでいる。まさにそれは、特定の刺激に対して決められた動作をする「回路」のようなものだからである。

その他にも自我は、後の章で順次考察するように、「安全回路」と「刺激回路」をもっている。これら3つの回路が、自我を構成しているのである。

さて、権力回路が投影する自己イメージは、いうまでもなく光の存在の想起にとって大きな障害である。悟るためには、こうした自己イメージを消去しなければならない。

第1章では、イメージそのものを消去する方法を解説したが、ここでは、イメージを投影している自我の権力回路を無力化することで、イメージを消し去ってしまう方法を紹介してみたい。

人はだれでも、怒りはよくないと知っている。そこで、怒りの感情が湧き上がると、意志の力で必死に抑え込もうとする。グルジェフ流の「力には力を」のやりかたで、暴れまわる自我の荒馬を、必死になだめつけようとするわけだ。

だが、そもそも自我は、(たとえそれが誤解であるとはいえ) 正当な理由で怒っているわけである。怒りの感情を誘発させないと、生命に危険が及ぶと考えているのだ。

したがって、そのような危険はないことを、教えてあげればいいわけである。誤解なんだよと諭してあげれば、怒りの感情を誘発させる必要はなくなるからだ。

自我の誤解とは、要するに「権力を誇示する自己イメージを形成させ、それを守らなければ、生存が脅かされる」である。基本的に恐怖が土台となっているわけだ。この誤解を解いて、臆病な自我を安心させてやれば、怒りの感情も出なくなる。つまり、「生存のために、権力を誇示する自己イメージを形成する必要も、守る必要もない」ことを、根気よく教えてやればいいのだ。そうすれば権力回路は、めったなことでは作動しなくなり、権力を誇示する自己イメージを形成しなくなる。結果として、怒りの感情に翻弄され苦しむこともなくなってくるであろう。

また、怒りと同質の感情、たとえば妬みや嫉妬、憎しみや敵意などにも効果があることは、いうまでもない。嫉妬とは、相手が自分よりも上だと感じることで、相対的に自己イメージが低められる（脅かされる）ことが原因となっている。間接的なのでダイレクトな攻撃欲求は感じないことが多いが、相手の不幸を願ったり、中傷や悪口をいうなどの行為に走る。いずれにしても、権力回路がそうさせているのである。

◆権力回路を無効にする行法（怒りの感情を消し去るテクニック）

この行法は、怒り（妬み、嫉妬、憎しみ、敵意）を感じたときに行い、基本となる「無抵抗の理解」、およびそれを発展させた権力回路の再教育テクニックから成り立っている。

権力回路に対する「無抵抗の理解」

第1章で述べたように、自分の本当の姿は、怒りなどを起こしたりしない、愛と英知の光の存在であることを自覚すること。本当の自分は常に心穏やかで愛に満ちているのだ。さて、それを自覚した上で、内部に湧き上がる怒りの感情をじっと見つめ、無視ではなく、しかし格闘するのでもなく、鏡に映すように怒りと一体化する。

ここで大切なのは、怒っているのはあなた自身ではなく、あなたの脳にある「機械」だということを、しっかりと自覚することである。だから、「私は怒っている」と考えるのではなく、「私の自我は、怒りを感じている」となる。あなたは怒っていない。あなたの自我が怒っているのだ。あなたは自我の怒りを、ただ感じているだけなのだ。あなた自身と自我とを混同してはならない。そうしたら、まるで他人ごとのように、怒りを受け流してしまう。消滅しているのだと思い込むとよい。実際、消えているのだから。ただし力まずに、気楽にそう思うことが大切だ。

権力回路の再教育テクニック

ステップ1〈理由の認識〉

なぜ自我が怒っているのかを認識する。つまりそれは「自己」イメージが傷つけられないかと、自我が恐怖を感じているから」である。この言葉をそのまま唱えてもいい。このように、なぜ権力回路が作動したか（つまり、なぜ怒りの感情を誘発させたか）の理由を認識する。

ステップ2〈誤解の指摘〉

次に、権力回路のどこが誤解なのかを指摘する。つまりそれは、「自己イメージが傷つけられれば、生命が危険にさらされると、自我が誤解しているから」である。このことを明確に認識し、どこに誤解があるのかを、自我にいいきかせるように認識する。

ステップ3〈誤解の矯正〉

自己イメージが傷つけられても、生命の危険もなければ、何の実害もないことを認識する。つまり次のように頭の中で唱えるわけだ。「しかし、生命が危険にさらされることはないし、いかなる実害もない。たとえ何らかの不都合があるとしても、怒りを覚える合理的な理由はどこにもない」。もしも実害がないことに確信がもてなければ、この場で少し考えてもいい。もしも何らかの不都合があるとしても、それは冷静に対処すればいいわけであり、怒りにかられて行動しても、何の利益もないばかりか、有害でさえあることを認識する。

ステップ4〈誤解の再認識〉

あらためて、自己イメージが傷つけられても、そこには何の実害もなく、自己イメージは自分とは関係のないことを認識する。「だから、自己イメージが傷つけられたとしても、それは自分とはまったく関係のない幽霊のようなイメージであって、自分自身には何の危害もない」と思うことである。

ステップ5〈方向性の確認〉

最後に、次のようにいいきかせて今後の方向を指示する。

「私は、自我のこうした誤解に翻弄されたりしない。自分とは関係がなく、必要もない自己イメージなどは捨て去り、今後も形成することはない」

こうして自我を納得させる方法は非常に効率的で、少し実行すれば、怒りの感情がすみやかに減退し、この方法を続けていくうちに、怒りの感情が出なくなっている自分に気づくはずである。もちろん個人差はあるにしても、忍耐強く繰り返すことにより、自我の権力回路から解放され、結果として自己イメージを消失することができるのである。

さて、ここでも大切なことは、やはり無抵抗であることだ。

すなわち、怒りの感情を抑え付けたり、怒りと戦ってはならない。怒りの感情が出たことで怒ってもならない。怒るのは、外的環境によって形成された自我という機械なのであり、あなたではないからだ。だから、無視せず相手にせず、無抵抗のまま怒りを見つめ、以上あげた5つのプロセスにしたがって自我の誤解を解いてやれば、それでけっこうなのである。

そうすれば、しだいに自我の機能が弱体化し、やがて、たいていのことでは怒りを覚えなくなるはずだ。いわゆる〝大きな人間〟になっていくのである。換言すれば、それだけ悟りの障害が除去され、光の存在が接近できる態勢が整ったということなのだ。

《悟りを開くヒント》

・小さな悟りは、光の存在との接近。大きな悟りは、光の存在との合一。
・光の存在とは、本当の自分自身である。
・自我とは、精神機能の中の機械的側面から生まれた〝ロボット〟である。
・雑念を邪魔物とし、それを悪として排除する精神集中の延長線上に悟りはない。
・悟りとは、苦しみと快楽の間を往き来するようなレベルには存在しない。
・自我は、他者よりも優秀だという自己イメージを形成し保持したがっている。
・自己イメージが脅威にさらされると、自我は生存を左右する一大事だと誤解し、怒りの感情を誘発させて攻撃欲を煽りたてる。
・権力回路のプロセス＝侮辱↓自己イメージの破壊↓生存の危険性（という誤解）↓怒り
・自我の誤解を解けば、怒りの感情も出なくなり、自己イメージも形成されなくなる。

第3章　不安と恐れからの解放――「安全回路」の改造

不安と恐怖の感情が出てくる理由。悟るために必要な「安全回路」の弱体化

前章では、怒りを誘発させる「権力回路」について論じたが、この第3章では、「安全回路」について考察し、悟りの障害となる「恐怖」からの解放を探求していきたい。

さて、安全回路もまた、もともとは原始時代における名残りである。それは生存の確保を目的としている。すなわち、猛獣や天候などから身を守るために、住居に隠れたり、食料などを蓄えたり、群れを組んだり、じっと動かずにいるといった衝動である。

そして、そのような行動に駆り立てるために、安全回路は「不安」を誘発する。

不安を誘発させ、緊張した状態にさせることで、身に迫るかもしれない危険に、前もって対処しようとするわけだ。不安の感情がなければ、われわれは安全を脅かす可能性に対して警戒心をもたなくなり、生命が危険にさらされることになるからである。

ところが、この回路にも問題点がある。

「自分は安全でなければならない」という、際限がないほどの自己イメージを形成させてしまうことである。そのため、極端な場合、この世は危険で恐ろしく、悪人ばかりで、自分を攻撃しようと企む人ばかりだという、被害妄想的な「世界」を作り出し、埋没させてしまうのだ。柳を見れば幽霊に、縄を見れば蛇に見えてしまうというわけである。そうすれば、自分を危険から遠ざけられると思っているのだ。いわゆる「疑心暗鬼」である。

このように、「自分は安全」というイメージを脅かす、わずかでも怪しい事物があると、安全回路は敏感に反応し、不安という感情を誘発させて身を守る態勢に入ろうとする。その結果が、過剰な自己防衛、保身、保守的態度、隠蔽、蓄積、集団への帰属といった行動として現れる。

どう猛な野獣や、荒々しい天候に囲まれていた原始時代なら、それくらいの用心深さがあってもよかったのかもしれないが、現代では事情が違う。場合によっては、そうした過度な用心深さが、かえって身の危険につながることもある。

ところが奇妙なことに、安全回路にとって、それは問題ではないのである。

なぜなら、大切なのは本当に安全かどうかよりも、安全である（と思わせてくれる）イメージだからである。自我にとって大切なのは、現実ではなく、あくまでもイメージなのだ。

そのため、いろいろと問題のある行動へと人を駆り立ててしまう。

たとえば「貯蓄のための貯蓄」である。

これくらい貯めれば安心だと最初は思うのだが、目標金額に達すると、やはりまだ不安で、さらに貯めこむようになる。だが、いくら貯めても不安は解消されない。そればかりか、今度は貯めたものを失うのではないかという不安さえ抱え込む。そうして「貯蓄中毒」がエスカレートしていき、心の休まるときが失われてしまうのだ。

その他にも、いつ何が襲ってくるかわからない原始時代とは違い、生存のために逃げたり、どこかに隠れたり、群れになって行動しなければならない理由は、ほとんどない。

にもかかわらず、われわれはしばしば、不合理なまでに逃避的になったり、頑固な保守的態度を取ったり、徒党を組んで自らを埋没させてしまうのだ。

もっとも、中には、あまり怖れを感じないという人もいる。

失敗を怖れずに挑戦したり、冒険できる人もいるわけだ。それは自我の3つの回路のうち、どれが優勢に作動しているかによって異なるからである。安全回路よりも、権力回路や刺激回路の方が優勢だと、危険を冒しても権力や快楽を求めようとする。

とはいえ、権力回路の場合は「権力が得られないという恐怖」、次章で扱う刺激回路の場合は「刺激（進歩）が得られないという恐怖」が根底にある。

つまり、どの回路も「恐怖」に動かされている点では変わらない。その意味で安全回路は、他の2つの回路の母体ともいえる。そのため、安全回路を弱体化させれば、他の2つの回路も、自然とその効力を失っていくことになる。

すなわち、安全回路は、自我の根幹的な機能であり、安全回路の弱体化が、悟りを開く上で非常に有効に作用することは、あえていうまでもない。

では、どのようにすれば、安全回路を弱体化させることができるのだろうか？

再び、私自身の体験を通して、解決の道を模索していきたいと思う。

運命は先祖の因縁によって決まる？奇妙な占いが告げた不吉な予言

高校時代、運命の本質とメカニズムについて、いろいろな本を読んでいるうち、ある新興宗教の教祖が書いた1冊の本に出会った。それによれば、人の運命は、先祖から受け継いだ「因縁」によって決まるという。

たとえば「横変死の因縁」。これは自殺や他殺、不慮の事故など、まともな死に方ができない運命を招く因縁だという。「肉体障害の因縁」は、怪我や病気などで身体に障害を受ける運命、「脳障害の因縁」は、発狂したり、頭部に怪我や病気をする運命、「癌の因縁」は、文字通り癌にかかる運命、「中途挫折の因縁」は、何をやっても途中で物事がダメになり、すべての努力が水泡に帰すという運命、「色情の因縁」は、異性関係で傷つく運命をもたらすという。他にもおぞましい因縁が、数多く紹介されていた。そして、人は生まれながらに、こうした因縁をもっているというのだ。

これを読んで、私自身はさぞかし悪い因縁を背負っているに違いないと思った。母に二度も捨てられたのも、きっとそのせいに違いない。この本を読んだ夜、絶望と恐ろしさで、ほとんど眠れないくらいだった。

しかも、それに拍車をかけるように、次のような体験に遭遇したのだった。

それは、ある神道系の集まりで行われた「釜鳴り」に出席したときのことである。釜鳴りとは、釜の出す音によって吉凶を判断する占いの一種である。

集まった20人ほどの参加者とともに、私は広い和室の中央に置かれている、古びた大きな釜を囲むように座った。釜は炭か何かで焚かれていた。

やがて、中の水が沸騰して蒸気が吹き出し、ボーという低い音が響き始めた。

そして、主催者である神主がその釜をかかえ、ひとりひとり、参加者の前に近づけていった。それで釜の音が消えなければ問題はないが、何か不吉な運命をもつ人の前だと、釜の音が消えるというのだ。

釜は、順番に参加者の前を通過していった。音が止まった人はまだいない。しだいに私の番が近づいてきた。なんとなく嫌な予感がした。すると案の定、釜を私の前に近づけると、音が消えてしまったのである。

ためしに釜を遠ざけると、また音が鳴り始めるのだ。隣の人と場所を交替したが、やはり私の前で音は消えてしまう。不思議である。

カラクリとしてはおそらく、私に近づけたとき、釜をもつ神主の手が微妙に傾いたのであろう。そのため、釜内部の気流に変化が生じ、音が鳴り止んだのではないかと思う。

いずれにしろ、私は落ち着かない気持ちになった。

次に神主は、なぜ音が止まったかを推測した。思い当たることを念じながら、何回か私の前に釜を近づけるのだ。それで音が鳴り出したら、その推測が正しいということらしい。

結論をいうと、近いうちに愛する人と死別するだろうといわれた。

私は、いたたまれない不安に襲われた。愛する人といえば、当時は両親だけだったが、何かおそろしい不幸でも起きるのだろうか？　なんとかしてくれと、叫びたい心境だった。

ところが神主の方は、他人ごとのように涼しい顔つきで、どうすればいいかなどには触れず、そそくさと次の行事に移ってしまった。

密教系教団に入って修行をする。運命と占いと超常現象の秘密

こんなことがあり、悪い運命を変えなければならないという、必死な思いにかられた。

悟りをめざしていたはずだったが、やはり運命という、現世的な事情に未練があったのだ。つまり悟りということが、まだ本当にわかっていなかったことになる。なぜなら悟りとは、外的な運命がどうであれ、内なる平和な心境を確立することだからである。

釈迦は、究極の悟りを開いた後でも、いやがらせや迫害にあったりしている。外的運命に幸福の基盤を置いても、それには限界があるということなのだ。真の平安と幸福は、あくまでも内なる世界にのみ期待できるのだろう。

だが、当時の私には、自らの運命に対する恐怖の方が強く、そこまで深く考えることができなかった。そこで、浪人時代に、あの因縁の本を書いた教祖が主宰する新興宗教に入信した。

教祖は、念力で生木に火をつける（と本には書いてある）人物で、真言密教の行法を基本としながらも、仏教の根本経典を宗旨に掲げていた。中心は〝因縁からの解脱〟であるが、他にも超能力の開発や守護霊をもつ方法などを謳っていた。こうした、オカルト的な色彩が強いためか、若い信者が多く、この方面の世界ではよく知られた教団である。

具体的な因縁解脱の方法は、要するに先祖供養である。そのために「御法塔《ごほうとう》」という、教祖が祈念した護符のような紙を内部に入れた、高さ10チセンくらいの陶器の置物をいただき、毎日欠かさず1回、御法塔の前でお経とマントラを唱えることを千日間行えばいいという。そのためこの行法は「千座行《せんざぎょう》」と呼ばれていた。

信者は自宅での千座行の他に、月1回道場で行われる教祖の護摩行《ごまぎょう》（火を焚いて仏に祈念する密教に伝わる加持祈祷）の例祭に参加しなければならない。

また、教祖自身による先祖供養祈願や、因縁解脱の功徳をいただくための竜神や大日如来が写った（とされる）野外護摩の炎の写真などが〝オプション〟として用意されていた。これらは強制ではないが、当然、貧乏学生では入手できないほどの値段ではあった。

しかし、金で布施できなければ奉仕でもいいというので、私は教団の宣伝チラシを町から町へと配って歩いた。それこそ何千枚、何万枚か配ったと思う。そうして信者を増やせば、因縁解脱の功徳が得られるというのだ。

他にも、道場の祭事のときには雑用をしたり、便器をピカピカに磨き上げたり、青年部の活動に出席するなどした。また、夏に富士山のふもとで行われる修法伝授の合宿にも参加した。

一方、個人的にも、運命を変える方法を模索するため、易、四柱推命、九星、密教占星術、手相、人相、姓名判断、夢判断、西洋占星術、タロット、数秘術、その他、ありとあらゆる占いの研究をした。占いそのものより、占いの背後にある運命学に関心があったのだ。とにかく早くしなければ、私は家族を失うかもしれず、将来は真っ暗だとあせっていたのである。

そうした研究の結果、運命とは、要するに自分の心が作り出すものだということがわかってきた。先祖の因縁というのも、不遇な人生を歩んだ先祖の意識が、何らかの原因で子孫に遺伝し、その意識が不幸な運命を招き寄せるということらしい。

また、「不幸な星の下に生まれる」といわれるが、星そのものが、人の運命を直接に支配することはない。ただ、星から放射される磁気のようなものが、人の意識に影響を及ぼし、その結果として運命が左右される可能性は、あるのかもしれない。

あるいは、星の配置は運命を暗示するだけで、意識に影響を与えるのは、誕生した日と場所に充満していた、何らかのエネルギーだという説もある。

いずれにしろ、人の運命は、およそ自らの意識によって作り出される。ただ、意識に影響を与える先祖の想念、天体からの磁場、未知のエネルギーがあるだけだ。それらは絶対的ではなく、最後にものをいうのは、本人の心のありかた、意志の強さなのだ。

そこで、私は潜在能力の開発にも興味を抱くようになり、その延長線にある超能力の研究もするようになった。そうした意識の力で運命が変えられるのではないかと考えたのである。

　そのために、超常現象を研究しているある団体に入った。そこでは、テレパシーや念力、透視や予知といった超能力の研究が、大学教授を中心に、医師、エンジニア、実業家、霊能者、学生、その他、さまざまな職業の人たちによって行われていた。

他にも、心霊現象やUFOの研究、空中からエネルギーを取って回転するという、ある種の永久機関装置の研究、オーラを測定する装置やフィルムに撮影するキルリアン写真、信仰治療や民間療法などの研究、記憶力増進法などの研究も行われ、とにかく多彩であった。

ちなみに、私自身が行った「念写」の実験では、不思議な現象が起こった形跡が見られた。

念写のやりかたは、レンズにふたをしたポラロイド・カメラに向かって「写れ！」と念じた後に、フィルムを引き出すのである。通常なら、そこは黒いだけで何も写っていないはずなのだが、私がやった何枚かには、ぼーっとした光のようなものが写っていた。本格的な超能力者がやると、そこに明確な像（人物や風景、月の裏側まで！）を写すことができるといわれる。やはり人間には、何らかの未知なる力が宿っているように思われた。

超常現象を頭から否定する人が、意識の奥底に抱える恐怖とは何か

しかしながら、そうした超能力や超自然現象などは存在しないのだと、頭から決めつける人が多いのに驚かされた。ある程度、自分で実験なり研究をした上で、理由を示して存在しないと主張するのならわかる。それが科学の手法だからである。

ところが、科学者を名乗る人たちでさえ、何の根拠もなしに、ただそれが自分たちに説明がつかないというだけで、否定するのだ。私からいわせると「否定を信じている」のである。これでは科学というより、宗教ではないのかと思う。

しかも、その反論の仕方が、人を小馬鹿にしたような、お世辞にも紳士的とはいえない態度なのだ。しかし私には、そこに何らかの感情的な嫌悪感が潜んでいるように感じられた。

おそらく、自分たちがより所とする科学理論、その世界観（パラダイム）が脅かされるのではないかという、潜在的な恐怖を抱いているのであろう。

もしも超能力現象が真実なら、科学者としてのアイデンティティを支えてきたパラダイムは崩壊し、権威を失い、何を〝信じて〟研究していいかわからなくなる。今までの自分の業績も揺らいでしまうかもしれない。そんな恐怖があるのではないだろうか？

だから、既存のパラダイムでは説明がつかない超常現象に対して、頭からの否定という、客観的な観察と考察を土台とする科学の掟を無視するような行動に出てしまうのではないのか？

自分たちのパラダイムが間違いだったとか、不完全ではなかったのかという疑問や反省もなく、ただ強引に、既存の枠組みに押し込めることしか考えようとしない。

これは非常に残念なことである。これでは、革新的な科学の進歩は望めないだろう。

勇気のある真の科学者だけが、アインシュタインやボーアのように、かつての科学を〝古典〟にし、新たな科学のパラダイムを打ち出すことができるだけである。

このことはまた、宗教や精神世界にもいえることだろう。ドグマに縛られたら、そこで進歩は止まってしまう。「信じるな、疑え。否定も肯定もするな。わからないものはわからないままに探求せよ」という態度こそが、未来の可能性を開いていく鍵であると、私は思う。

私の反論で〝キレて〟しまった波動グッズのセールスマン

だが、超常現象の研究者たちにも、まったく同じ問題があるように思われた。

すなわち、かなりあいまいな根拠によって超常現象を肯定している面があるのだ。たとえば「8次元の世界から来た宇宙波動エネルギーが作用した結果である」といった説明をするのである。

しかし、4次元世界でさえよくわかっていないのに、8次元世界というのは、いったいどういう意味と根拠でいっているのか？　また「宇宙波動エネルギー」というが、それは要するに何なのか、まったく説明されていないのである。にもかかわらず、すべての謎が解けたかのように主張し、あげくの果ては、ダウジングやフーチ、つまり「振り子占い」で調べたら、それが真実だと出たから間違いないなどと、平気な顔をしていうのである。

もちろん、中にはまじめに科学的に探求している人もいるのだが、それはむしろ、少数派だったように思う。私は、この超常現象を研究する会の発展のために、会報作りを手伝ったり、アルバイトで貯めた金を出資してマンションを借り、会員のための図書室とミーティング・ルームを開いたりもしたが、結局は、各人が勝手なことをいいあうだけのように思え、少なからず失望してしまった。

そんなあるとき、そのマンションで小さな会合を開いたのだが、私からいわせると〝怪しいもの〟を売る中年男性がきたことがあった。

それは、金属のストローのようなものが2本、革の筆入れに装着されたもので、対象に向けてくるくると振り回すだけで、たとえば2級酒は1級酒になり、農薬や洗剤なども、無害になって飲んでも平気だというのである。値段は、4万円から5万円だったと思う。ニュー・エイジ系の人たちに人気がある「波動グッズ」といわれるものだ。

その場には4、5人がいたのだが、男性のセールス・トークが実に巧妙で、みんな熱中して面白がって聞いていた。実際に酒を持ってきて実験し「おお、確かに味が違うぞ！」などといっている。そんな中で、私ひとりだけが、

「2級酒が1級酒の味になるといわれても、それは主観的なものなので、暗示によって味などはいくらでも変わる」

といって反論していた。しかし相手も、「鈍感な人にはわからない」とか「意識レベルの高い人ならわかる」などというのである。私も負けずに、

「酒の味が変わるなら、化学的な変化もあるはずだ。装置を使って測定したことはあるのか」

などと盛んにいっていた。相手はしだいに不愉快な顔付きに変わり、ついに私が、

「洗剤でも無害になって飲めるというのなら、これを飲んでみてください」

といって、台所にあった「ママレモン」を前に差し出したとき、相手は〝キレて〟しまった。

「なんで俺がそんなことしなくちゃならないんだ！」

その場はもう、すっかりしらけたものになってしまった。

もちろん、酒の味を変えるような、何らかの未知なるエネルギーが、本当に存在するのかもしれない。それを否定するつもりはない。ただ、明確な根拠もなく安易に肯定し、いかにも科学的に実証されたかのような説明をし、あげくにそれを利用して金儲けをするところに、問題があると思うのだ。こういうことをすると、まじめな研究者までもが、いかがわしく思われてしまい、結果として、こうした分野の研究が遅れてしまうことになるからである。

自己満足のニュー・エイジ系精神世界は、遊園地で遊ぶようなものである

私が、チャネリングを中心とした最近のニュー・エイジ系の精神世界に、今ひとつ、ついていけない理由も、やはり安易な現実逃避、自己満足の傾向が感じ取れるからである。

宇宙人からのメッセージだとか、苦労なく悟りが開けるとか、まもなく地球の波動が高くなって人類が霊的存在に移行するとか、そうした内容そのものよりも、そうしたことを安易に信じ込み、すぐその気になってしまうところに問題があると思うのだ。

私からいわせると、まるで遊園地の世界なのである。シンデレラ城に入り、悪い魔法使いを倒した「つもり」と同じなのだ。わくわく生きている〝つもり〟、悟りを開いた〝つもり〟である。

ナルシシズムを満たすような、耳に心地よい言葉に酔うのはいいが、醒めてしまうと何も変わっていない。すべて絵に描いた餅、つまりイメージにすぎないのである。

私は、こういう世界に夢中になっている人たちの中に、現実やありのままの自分を直視することへの不安や恐怖が潜んでいるように思えてならない。彼らが好んで口にする「波動」だとか「直感」といった言葉にしても、こういうあいまいな言葉は、彼らの格好の遊び道具なのである。なんとなく実体があるかのように聞こえるので、イメージにリアリティの感覚を与えてくれるからだ。反論や批判を受けても、

「波動が低い人にはわからない。直感のない人には理解できない」

といえば、いくらでも自分に都合のいいイメージの世界を守ることができる。

けれどもそれは、魔法使いを倒すおもちゃの剣にすぎない。一見、本物のようだが、決して切れたりしない剣、子供がイメージ（想像）によって「剣」にした、ただの棒きれなのだ。彼らはただ、波動や直感という言葉で、棒よりは少し本物に似ている「木刀」を手にし、イメージの遊園地で、王子様、王女様を演じているにすぎない。

人がどのような娯楽を楽しもうと自由だが、悟りは決してイメージではないことを、はっきり覚えておいて欲しい。現実を、自分自身を、冷徹に見る目を忘れてはいけない。

決して、イメージという夢の世界で悟りを開いてはいけないのだ。悟った〝つもり〟になるくらいなら、迷える苦悩をさらけだして生きた方がいい。なぜなら、たとえその姿がどうであれ、そ

れが本物の自分自身だからである。

誇大妄想と被害妄想が混在した〝グルの中のグル〟との出来事

あちこちの精神世界の集まりに顔を出していると、自分は悟りを開いたとか、高い意識に到達したなどという人に出会うのは、そう珍しいことではない。話を聞くと、たしかに深遠な教えを流暢に話したりするので、本当に悟りを開いているように思えたりもする。

もちろん、真実はわからない。本当に彼らは覚者なのかもしれない。そのことを客観的に判定する基準はおそらく存在しないだろう。だから、あくまでも私の見解としていうしかないのだが、そのほとんどは〝イメージの悟り〟にすぎないのである。

イメージの悟りとは、どのようなものなのか、実例をあげて説明してみよう。

ある会合で知り合った、「悟りを開いたグル」を自称する中年男性の場合だが、彼の弟子のひとりが、彼を見限って去っていったことに腹を立て、その弟子の罵詈雑言を、耳にタコができるほど執拗に繰り返していたことがあった。

なぜそこまでいう必要があるのか、私には理解できないと尋ねると、

「悟っていない者が、悟った者のやることなど、逆立ちしたってわかりっこないだろう」

というのである。

かと思うと、「俺は命がけでダライ・ラマ法王に会いにいったんだぞ」というので、命がけとはどういうことか尋ねると、大勢の人に囲まれて、襲われそうになったというのだ。

だが、本当のところは、どうやら物乞いに囲まれただけのようなのである。インドの街中に行けば、外国人が物乞いに囲まれるのは普通で、ときには大勢に囲まれることも珍しくない。たいていの観光客は、苦笑いをして困ったなあと思う程度である。

なのに、なぜその男は、自分が襲われるなどと思ったのだろうか、不思議だった。

だが、その謎が解けるような出来事が、すぐにやってきた。

私は彼の説法を録音していたのだが、そのテープを返せといってきた。しかし、後から別のものを録音してしまったので、もうないといった。

すると、「信じられない。家の中を探させろ」というのである。「家のすみからすみまで探すつもりか」と尋ねると、そうだという。そこまでしなければならない理由を尋ねると、「おまえがあのテープを悪用しないかと不安なんだよ」というのだ。

世界に何人といない究極の悟りに到達し、グルの中のグルと称し、ラジニーシ（インドの有名なグル）が救世主として自分の出現を予言していたとまで口にする、麻原教祖も顔負けのアピールをしていた人物が、こんなことくらいで不安を感じるのはなぜなのか、という疑問は別としても、いったい彼は、何をそんなに恐れているのだろう？

それに悪用というが、私がなぜ悪用しなければならないのか？

また、どのように悪用するというのか？

当然、家の中をかきまわされてはかなわなかったので断った。すると、

「なら、おまえの家の前にいって、拡声器を使って騒ぐぞ。そうすれば近所の体裁が悪くなり、その家に住めなくなるからな」と、脅しさえかけてくる始末なのだ。

私は、この電話での会話を録音したテープをもって警察に行き、どうしたものかと相談した。すると、脅迫罪になるかもしれないということなので、一応、被害届を出しておいた。

結局、私はその人物とは係わり合いを持たないようにしたが、彼の方からも何の連絡もこなかった。彼ひとりでは、何もする度胸はないのだろう。だが、オウムのように、狂信的な弟子がいたら、ただではすまされなかったかもしれない。

とにかく、世の中には、「自分は悟りを開いた」などと口にしながら、やっていることは低俗で非常識で、普通の人々以下であるといったことがあるので、十分に注意をし、言葉にだまされないようにしなければならないと痛感したしだいである。

弟子を必要とする〝グル〟と、グルによってエゴを満たす弟子

私は、悟りを開いてグルを自称するその男が、誇大妄想と被害妄想の両面をもっていることに気がついた。本書の言葉でいえば、権力回路と安全回路が「誤動作」し、そのために歪んだイメージが投影され、自分は世界に何人といない究極の悟りに到達し、グルの中のグルであり、ラジニーシが予言した救世主だと思い込む「現実」を形成し、それに埋没してしまったのである。

ところが、権力回路は「自分が価値のない存在であること」への恐怖を土台としている。本質的には小心で臆病であり、常に自分を認めてくれる人がそばにいないと不安で心細いのだ。そのために、自分を称賛する弟子を求め、自分を信じることを強要し、弟子に囲まれていたいと切望する。換言すれば、自らの威厳とパワー（というイメージ）を得るために、取り巻きを必要としているのである。

そのため、彼のもとを去った弟子に対して、すなわち自分を認めなかった相手に対して、執拗なほどの罵詈雑言をぶつけなければ気がすまなかったのだろう。去っていった相手が悪いことにすれば、自分のイメージが低められることもなくなるからである。

また、このような、悪口や敵意を向ける意識、つまり彼自身の悪意と攻撃の意識が、今度は外部に投影され、その結果、人が自分に悪意をもち、攻撃すると思ってしまうわけだ。安全回路が反応し、被害妄想的なイメージが投影された「現実」を作り出すのである。

そのため、物乞いに囲まれただけで、襲われるのではないかと感じたり、私がテープを悪用するのではないかと思ったりしたのであろう。

こういう人は、自分は偉大だというイメージを守るために、ありのままの自分を知られることへの、強い不安と恐怖を隠している。自分のイメージを損ねてしまう、あらゆる現実を嫌悪するのだ。たとえば過去の経歴や職歴、家族構成などに、体裁の悪いもの、都合の悪いものがあると、それを隠そうとしたり、しつこく詮索する者には露骨な敵意を向けたりする。

そのため、弟子たちには、自分を偉大なグルとして徹底的に信じるように、疑わないように、絶対の帰依と服従をするように要求する。名目は「おまえたちに悟りを開かせてやるため」であるが、本心は「自分のイメージを守るため」なのだ。

そのためによく利用される方便が「エゴの消滅」である。「エゴを消滅させるために、グルを絶対的に信頼し、グルのいうことには無条件で従え」などというのだ。当たり前だが、決して「グルのためだ」などといわない。すべて「弟子であるおまえたちのため」なのである。

もちろん、悟るためには、エゴの消滅はたしかに必要であり、それ自体は間違っていないだろう。だが、そのためにグルという、個人的な存在を崇拝し、服従すると、エゴは消滅されるのではなく、グルに投影され、グルを通して発揮されるようになってしまうのだ。これは、アイドルやスポーツ選手などへの思い入れ、教育ママが子供を通して自分の野心を達成しようとするのと同じである。単にエゴが姿を変え、巧妙に発揮されるようになったにすぎないのだ。

したがって、そんな弟子は、熱心にグルを誉め称え、拝み、崇拝し、それを他人にも要求する。なぜなら、崇拝者が多いほど、グルに投影された自分のエゴが満たされるからである。弟子は、そんなグルに接近し、その寵愛を自分に向けさせようとする。

こうして、グルと弟子たちは、互いに依存関係を結び、イメージの世界に埋没してしまうのだ。すなわち、偉大なグルの〝つもり〟、偉大な弟子の〝つもり〟、そして、悟りを開いた〝つもり〟である。彼らは、自分たちが作り出した遊園地の中で〝悟りごっこ〟をして遊んでいるにすぎない。簡単に悟りを開いたと口にする人々の大半が、結局は〝悟りごっこ〟をしているだけではないのかと思う。

グルジェフの説く「緩衝器」が、人を悟りから遠ざけてしまう

グルジェフは、自己イメージを守るために、言い訳や理屈を見つけだし、ありのままの自分や現実から目を背けようとする自我の働きを「緩衝器」と呼んだ。

ご存じのように緩衝器とは、クルマに装備されているショック・アブソーバーのことで、地面から伝わるタイヤの振動（ショック）を緩和させる装置である。この装置がないと、車体はガタガタ揺れて、とても乗ってはいられない。

典型的なケースが、イソップ物語に見られる。キツネが、高い樹の上になっていた葡萄《ぶどう》を取ろうとがんばったが、どうしても取れない。しかしキツネは、自分の無能さを認めたくない。つま

り、「自分は有能である」という自己イメージを壊したくない。

そこで彼の緩衝器が働いた。「あれは酸っぱい葡萄だから、取らないだけなのさ」

本章で問題にしている安全回路は、この緩衝器を、実に巧妙に使いこなす。それがいかに巧妙でずる賢いかは、どんなに強調しても足りないくらいである。緩衝器による、一見もっともらしい理屈に、われわれは簡単に捕らえられ、冷静な思考力を奪われ、自己認識力は麻痺し、ついにはイメージの世界に埋没させせられてしまう。ほとんどの人が、この緩衝器のために、悟りを妨害させられているとさえ思うくらいである。

こうした緩衝器の巧妙さを、例をあげて説明してみたいと思う。

たとえば、今ここに、不幸に悲しむ人がいたとしよう。

それは失恋でもいいし、リストラによる解雇でもかまわない。とにかく、そう珍しくない不運な状況に悲しんでいる人である。あなたは、おそらく同情するだろう。しかし、もしも心のどこかに、その不幸を喜ぶ気持ちを発見したら、それは権力回路が作動しているのである。なぜなら他人の不幸は、相対的に自分の優越性を高めることになるからである。

ところが、今度は、めったにないほど悲惨な不幸に見舞われた人を前にしたとしよう。

たとえば、突然の大事故で身体障害者になったとか、我が子が誘拐されて殺されたとか、三度も結婚したがその度に配偶者に先立たれたとか、自分が経営する会社が倒産し、負債を何億も抱えた上に全財産を奪われ、家族とも別れ、すべてを失ってどん底にいるといった、言語に絶する忌まわしい不幸に苦しむ人である。

するとあなた（の自我）は、今度は別の感情を覚えるかもしれない。もはや権力回路は作動せず、密かな優越感の喜びも覚えず、その代わりに、不安や恐怖を覚えるだろう。つまり「安全回路」が作動するのである。そのため、本来なら同情を向けるべきはずのその人に、まったく逆の、不安や嫌悪感、おぞましさ、グロテスクな感情を抱いたりするのだ。

悲惨な運命の被害者がしばしば語るところによれば、自分が何か悪いことでもしたかのように、親しかった友人が去っていったり、差別されたり、冷たくされたりしたという。

なぜ、われわれ（の自我）は、そんなことをするのだろうか？

理由は、自分にもそういう不幸が訪れる可能性があることを、意識させられるからである。つまり、世の中には、どうすることもできない悲惨な危険があるのだという、認めたくない現実を、悲惨に苦しむその人の存在そのものが、訴えかけてくるからなのだ。換言すれば、自分は安全であるという自己イメージが破壊させられるので、恐ろしいのである。

そこで自我は、緩衝器を使い、この恐怖を回避するための防衛手段を考える。

それには、自分と相手とは違うことを証明すればいい。相手がそんな不幸に遭ったのは、自分とは関係のない、何かしらの原因があったことにすればいいわけだ。

そこで、さまざまな迷信じみたことを考え出す。

たとえば「陰で悪いことをした因縁のせいだ」とか「前世でひどいことをした報いだ」とか「悪

い宗教を信じていたからだ」とか、「不倫をしていたからだ」とか、とにかく何でもいいのだ。自分に当てはまらない理屈を見つけ、そのせいにして差別化をはかれば、自分はそんなことをしていないから、あのような不幸には遭わないのだという安心を得ることができるからである。

こうして、ひどい不運に見舞われた人は、それ自体の苦しみの上に、周囲から悪者にされるという苦しみが覆いかぶさることになる。この信じられないような冷たい仕打ちが、イメージを追いかけまわす自我のすることなのだ。

社会問題となった悪徳商法を通して、人間のだまされやすさを実感する

われわれが、いかに自我の投影するイメージや、その緩衝器にだまされやすいか、この時期、身をもって実感した出来事があった。

それは、知人に誘われて、「新しいマルチ商法」だという説明会に顔を出したときのことである。東京の馬喰町にあったビルのフロアーに連れられていくと、すでに広い会場は大勢の人で埋め尽くされており、壇上には、流暢に話をしている男の姿があった。

受付の担当者は、私がネクタイを着用していないという理由で入場を断ったが、知り合いが会員だということで中に入ることができた。

壇上の男は、黒板を使いながら、わずかな投資で確実に金が儲かるという〝画期的な商法〟について、説明をしていた。私はしばらく耳を傾けていたが、これは要するにネズミ講であって、絶対に儲かるはずがない、インチキだ、とすぐにわかった。

ところが、そんな私の心を見透かすように、男は聴衆に向かって、

「これはネズミ講で、絶対に儲かるはずはない、皆さん、そう思っているでしょう？」

などというのだ。そして、それがネズミ講ではなく、確実に儲かるシステムであることを、実に巧みに説明するのである。

すると、最初は否定的だった私だが、話を聞いているうち、確かに完璧な理論のように思われてきた。そしていつしか、なるほどこれなら絶対に儲かるぞ、などと、そんな思いさえ芽生えてきたのである。とにかく見事な説得力と話術なのだ。

ついに私は、「これは本物かもしれない」と思い始めた。とはいえ、大金を投資するほどの勇気は持てないでいた。すると今度は、

「何事も実行に移す勇気がないから、今まで、うだつがあがらなかったのですよ」

などと、痛いところをついてくるのだ。なるほど私は、あのとき好きだった女の子に、勇気を出して「好きだ」といっていれば、今頃は恋人になっていたかもしれないなどと、そんな連想が脳裏を横切り、もう二度とそんな後悔はしたくないと感じたりした。

けれども、だれだってそんな後悔はもっているだろう。今から思えば、あの壇上の男は、そう

した心の弱みを巧妙についていたことがわかるのだ。かと思うと次には、「あなたは選ばれた人なのです。一生に一度あるかないかのチャンスを、みすみす逃すつもりですか？　このまま会社員などしていても、人生はたかがしれていますよ」などというのである。

この言葉は、私を不安にさせた。「このチャンスを逃したらどうしよう。自分だけ取り残されるのではないか」という不安である。壇上の男の話は、表面意識には楽しく愉快な印象を、潜在意識には恐怖を植え付けていたように思われた。

そして、説明会の最後には、この商法で大儲けしたという人の、〝バラ色の体験談〟が続いた。俺も、私も、大金をつかんだ、高級車を買った、海外旅行に行ったなどという話がポンポン飛び出してくるのだ。

私は、「いよいよ自分にも運が廻ってきたかな」などと、ウキウキした気分になってきた。するともう、自分は金持ちになったような気になり、友人たちが羨望の目で見つめているイメージが、脳裏に浮かぶようにさえなった。

ところが、一緒にきた人をチラリと見ると、彼はなんとなく半信半疑な顔つきをしている。

私は奇妙なことに、それを見て不愉快なものを感じた。

「なんだ、こいつ。これほどまでに完璧な理論を聞いて、まだ納得いかないというのか。なんて鈍い奴なんだ。本物に決まっているじゃないか。俺たちは幸運の女神に選ばれたんだぞ！」

なぜ不愉快に思ったのか、そのときはわからなかったが、私は明らかに、自らその〝夢〟に埋没したいと望んでいたのだと思う。ところが彼の態度が、自分の夢をしらけさせ、私を〝つまらない現実〟に引き戻そうとしているように感じたので、不愉快になったのだ。

もしも本当に、私がこの商法を現実のものとして本物だと認識していたのなら、人がどう思おうと関係なかったはずである。だが、私は心底からそう思っていなかった。単なる希望が生んだ夢想にすぎなかった。そのために、彼の同意を求め、賛同者を増やすことで、自分の都合のいいイメージを強化したいと望んでいたのである。それが裏切られたので、不愉快に思い、彼にちょっとした敵意さえ抱いてしまったのだ。

結局、そのときは用事があり、どうしても途中から退場しなければならなかった。残念に思ったが、外に出て冷たい風にあおられ、興奮が冷めてくると、こんなことが本当に世の中にあるのかと、冷静に考えることができるようになった。すると、あの男の説明も、部分だけに注目すれば確かに完璧のように感じられるのだが、全体として考えると、やはりどこかおかしいように思われてきた。そのため、いつとはなしに関心が薄れ、忘れてしまった。

結局、この団体は、何年か後には大勢の被害者を出して大きな社会問題となり、ついには殺人事件まで起きたのだった（主宰者が殺された）。

★公案「風になびく幡」

風になびく幡を見ながら、２人の僧が言い争っていた。

「これは幡が動いているのだ」

「いや違う。風が動いているのだ」

そこに通りかかった六祖慧能《ろくそえのう》がいった。

「幡が動くのでも、風が動くのでもない。あなたたちの心が動いているのだ」

無門関

あらゆる迷信を吹き飛ばし、偉業を成し遂げた人物に学ぶ

やがて、入信していた密教系教団の千座行が、満願に近づいてきた。

ところがあるとき、教団で信者の指導をしている年配の人が、「千回くらいやっても、因縁が切れるわけないだろう」といっているのを耳にした。たしか入信のときにもらったパンフレットでは、〝千日で因縁から解脱できるシステム〟などと書いてあったはずである。

また、その頃になると、教団は信者集めに力を入れはじめ、私は修行内容に物足りないものを感じるようになっていった。そして、ある日の例祭のとき、

「もうこの教団をやめるときがきました……」

という〝声なき声〟を聞いたような気がした。つまり、そういう直感が脳裏に閃いたのだ。すると、この教団での私の修行は終わったのだと深く感じるものがあり、今までの情熱はどうしたのかと思うくらい急速に気持ちが冷め、まもなく「御宝塔」を返して脱会した。

結局、この教団には3年ほど入信していた。その間、少しは因縁が解けたのかどうか、それはわからない。ただ、あの釜鳴りの占いは、まったく当たらなかった。

要するに私は、怖れる必要もないことで悩んでいたことになる。もっとも、そのおかげで、運命学をはじめ、さまざまなことを勉強するようになったので、その意味ではプラスになったといえなくもないが、こっけいであったことに変わりはない。

この教団をやめる頃になると、私は、いつのまにか自分の因縁や運命に対する恐怖を感じなくなっていた。それは頑強な意志を感じさせる教祖の影響もあったのかもしれないが、運命は自らの力で開拓できるのだという確信と、受けなければならない運命であれば、潔く受けようという覚悟のようなものが、いつのまにか芽生えてきたからだと思う。

ここで、日本地図をはじめて作った伊能忠敬の話を思い出したので簡単に紹介してみたい。

彼は、50歳までは苦労の連続だった。やっと築いた自分の店は火事で焼失。全財産を失い、その後、努力を重ねて復興し、村長になったはいいが、折あしく大飢饉となり、今度は村人を救うために全財産を投げうったのである。

苦労して築いた財を二度までも失ったわけだから、占いでみれば、さぞかし悲惨な運命と判断されたことだろう。しかし50歳を過ぎてから安定し、地図作成の大志を持って、いざ日本全国の旅に出ることになった。

そして、いよいよ明日は出発という、はなむけの祝宴のときである。

一羽の鳥が迷い込み、彼の前でパタリと倒れ、死んでしまったのだ。周囲の者は、これは何か不吉な前兆だから、旅はやめた方がいいと忠告した。ところが彼は、ただ寿命がきたから死んだだけだといって、相手にしなかった。

そして当日となり、わらじを履いたところ、今度はわらじの紐がプツリと切れてしまった。それみたことかと、周囲の者は、これは行ってはならぬという神のお告げだ、というようなことをいい、彼を引きとめようとした。だが伊能は、このわらじは古くなったから切れただけだと相手にせず、さっさと別のわらじを履いて、旅にでかけていったのである。

その結果はいうまでもない。彼は偉業を為し遂げたのである。もしもつまらない迷信に怖じけづいていたら、日本の文化は大きく遅れていたことだろう。

偉大な業績を残し、立派な人格を磨き上げた偉人の伝記などを読むと、ほとんど例外なく、苦労や辛い運命を経験し、それを乗り越えてきた人たちである。

数々の苦しみを経験し、克服してきた人には、えもいわれぬあたたかさ、懐の深さ、凛々しさ、高潔さ、そしてたくましさがある。そうした〝香り〟が、人格から滲み出ている。

若かった私は、そんな伝記を読むたびに、自分もこんな人になりたいと思った。そういう人に憧れる気持ちが強かったのだ。苦労や辛い経験は嫌だが、かといって口先だけの軽薄な人間にだけはなりたくなかった。それはまるで、高い音程の鍵盤だけで演奏されたピアノ曲のようなものだ。私はそんな音楽など嫌いだし、そんな自分など愛せない。

私は、人生の暗い側面に裏打ちされながらも、光り輝いている音楽や人間が好きだ。そんな音楽を作曲したマーラーが好きで好きでたまらないのも、そのせいかもしれない。

苦しみや悲しみの経験は、人に低音の深みを与えてくれる。広い音域を持った愛と憧れが、私に運命からの恐怖を取り去ってくれた最大の原因ではないかと思う。こういう強い動機をもつと、安全回路は実質上、その効力を失うのである。

◆安全回路の消去法（不安と恐怖から解放されるために）

安全回路は、本来は生存のために安全を確保しようとする装置である。したがって、目の前に熊や強盗が現れたとか、高所に立つといったように、あきらかに生死にかかわる現実に直面した場合に恐怖心が出てくるのは、生物として当然の反応であり、そういう恐怖は、とりあえず除外すべき対象としてここでは考えない。

〝とりあえず〟というのは、高い悟りの境地に達すると、そうした自己保存の本能さえも消滅するらしいからである。これについては、後の章で扱うように、さらに高い意識への飛翔が必要となる。現段階では、イメージが作り出す不安や恐怖だけに絞って考察していきたい。

さて、安全回路は、「自分は安全である」という自己イメージに、どこまでも完璧にしたがっている。そのため、少しでもそのイメージにとって脅威となりそうな事柄に遭遇すると、不合理なまでの不安と恐怖心を抱いてしまう。たとえば、飛行機が墜落するのではないか、通り魔に刺されるのではないか、暴力団の流れ弾に当たるのではないか、恐ろしい難病にかかるのではないか、大地震がきて圧死するのではないかといった具合である。こうした事態は、もちろん絶対に起きないという保証はないが、確率からいえば皆無に近い。

一方、安全回路はまた、他の2つの回路の母体でもあるため、生死には関係のない事柄についても、まるで生死に関係するがごとく、強い不安や恐怖を発生させてしまう。

たとえば、リストラだとか、入試、スピーチなども、安全回路は生死に関係することだと錯覚、あるいはおおげさに誇張してしまうため、人は強い不安と恐怖を覚えるのである。

このように、われわれが抱く不安や恐怖の大半は、イメージの破壊への不安や恐怖なのであり、現実に存在する事物への不安や恐怖ではないのだ。

そこで、安全回路を弱体化するには、まずはイメージそのものを「無抵抗の理解」によって消去すること、そして「生死にかかわるほどの危険はない」ということを、安全回路に説得すればいいことになる。

安全回路に対する「無抵抗の理解」

イメージ消去のための基本である「無抵抗の理解」を、次のように行っていただきたい。

まず、自分の本当の姿は、愛と英知の光の存在であることを自覚する。それはどんなものにも傷つけられることはない。だから本当の私は何の恐怖もなく、常に穏やかに安心している。

次に、自分の内面に湧き上がる不安や恐怖を、ただ無抵抗に感じ、受け流す。消そうとも、逃げようともせず、不安と恐怖を心の鏡に映し出し、一体化するのである。不愉快な感情を、あくまでも〝受け身の姿勢で〟味わうのだ。

もしも逃げようとすると、緩衝器が作動し、あらゆる理屈やごまかしが浮かんでしまう。その結果、不安や恐怖から目を背けることになる。つまりイメージに埋没してしまうのだ。それで不安が消えたように感じることもあるが、ただ潜在意識に押しやっただけにすぎない。こうなると、常に漠然とした不安で心が疼くようになり、恐怖で人生が縛られてしまう。

ここでも大切なのは、不安や恐怖を感じているのは、あなた自身ではなく、自我という機械装置だと自覚することだ。あなたは、不安や恐怖など感じてはいない。ただ、自我が感じる不安や恐怖を感じているにすぎない。このことをよく自覚した上で、自我の不安や恐怖と一体化するのである。恐怖から逃げず、自分自身が恐怖そのものになってしまうのだ。そうして、サラリと受け流すように、自然に消えていくのを待つのだ。

そうしたとき、「自分は安全であるべきだ」というイメージの崩壊が始まる。それがある程度進行するまでは、しばらく不快な感情に悩まされるかもしれないが、しだいに（しばしば突然）、不安や恐怖から解放されるはずである。

ただし「いつになったら解放されるのか」という期待があると、イメージ消去のプロセスは進行しない。なぜなら、それは逃避しようとしているからである。

不安と恐怖から解放されるためのテクニック

次に、応用として、次のような2つの方法を活用するとよい。

1　恐怖の内容を認識する。

安全回路の不安や恐怖は、結局のところ「生存を脅かされるかもしれない」という誤解から生じているため、そうではないことを説得すればいいわけだ。

人は、案外、何が本当に怖いのかわからずに、ただ漠然と怖がっていることが多い。しかし、恐怖の実体をはっきりさせると、それほど怖れる必要がないことがわかったりする。

たとえば、試験に落ちるのが怖いとする。では、試験に落ちる恐怖とは、何なのだろうか？　世間体が悪いからか？　だが、試験に落ちる人など数多くいるわけで、それで世間体が悪くなったりしない。浪人をしなければいけないからか？　しかし長い人生、1年や2年浪人をしても、別に不利にはならないだろう。では、自分は何を怖れているのか？

このように分析していくと、試験に落ちることに恐怖を覚える確かな理由など、実はないことがわかり、結果として恐怖から解放されるようになる。

では、リストラの恐怖はどうだろうか。リストラによって生じる不安は、世間体やプライドなどを除外すれば、新たな職場が見つかるかどうか、給料が同じくらいもらえるかどうか、主にこの2つであろう。

少なくとも現状では、えり好みしなければ、どんな仕事だってある。しかし給料は減るに違いない。問題はどのくらい減るかである。贅沢をしなければ生活できるのか、あるいはマイホームを売るとか、子供の進学をあきらめるとか、何かしらの犠牲が伴うのか、こういうあらゆる可能性、つまり最悪のシナリオを、まずはっきりと明らかにさせることだ。

その結果、少し切り詰めればなんとかなるとわかれば、不安はその時点で解消されるだろう。

問題は、何らかの犠牲が伴う場合である。せっかく買ったマイホームを手放すのも、子供を進学させてやれないのも、まさに断腸の思いである。そういう場合、簡単にあきらめずに、なんとか打開策を求めて努力しなければならないだろう。

しかし同時に、最悪な運命を受け入れる「覚悟」も決めてしまうのだ。

最初は、今までのイメージが強く残留しているため、苦しくて簡単にはあきらめきれないだろう。だが、それを「無抵抗の理解」によって受け入れてしまうのである。

考えてもみれば、マイホームなど最初からなく、ずっと貧しいアパートに住んでいる人もいる。

その人たちが不幸かというと、そうとは限らない。子供の進学にしても、高い学歴がなければ不幸かというと、そうではない。親として、子供にしてあげられることは他にもある。

何が幸福か不幸かは、自分のイメージに適っているか否かで決められるにすぎないのだ。このことをよく認識し、覚悟を決めてしまえば、つまり「こうあらねばならない」というイメージを消してしまえば、リストラなどは不安でも恐怖でもなくなってしまう。

こうして、最悪の事態を覚悟して受け入れるようにしながら、なおかつ現状を少しでもよくするように努力を重ねていく。これこそまさに「悟りの修行」ではないだろうか。

2 恐怖を越える「愛の意味」を見つける。

恐怖よりも強い感情をもつと、事実上、恐怖は消滅する。たとえば安全回路よりも権力回路が強く作動すると、名誉を得るために、恐怖に打ち勝って危険な冒険に挑戦したりする。

しかしながら、権力回路も基本的には恐怖（権力を得られないという恐怖）で動かされているわけだから、特別な場合は別として、こうした方法は勧められない。それは質の違う恐怖に置き換えただけにすぎないからである。

つまり、恐怖を本当に消滅させるのは、恐怖を土台としていない感情しかないわけだ。

では、恐怖を土台としていない感情とは、何であろうか？

条件づけられた感情は、すべて恐怖を土台としている。つまり、報酬を求める気持ちがあれば、その報酬が得られなかったらどうしようという恐怖がつきまとう。ただ、いかなる報酬も求めない無条件の感情だけが、真の意味で恐怖を駆逐することができる。

そして、そのような感情があるとすれば、それは「愛」しかない。

愛だけが、いかなる報酬も求めず、無条件だからである。

戦争捕虜やナチスの収容所から生還した人たちによれば、他の人々の助けや支えとなることで自分自身を支え、あらゆる困難や恐怖に打ち勝つことができたという。

ナチスの捕虜収容所にいた著名な精神科医V・フランクルによれば、苛酷な状況において生き延びるには、生きる「意味」が必要だといっている。それはたとえば、他の捕虜の世話をするためであるとか、家族を養うためといったものである。そういう意味をもつ捕虜は、そうでない捕虜と比べると、生還を果たす可能性が高いというのだ。

すなわち、自分がだれかの役に立っている、だれかを助け、だれかを支えているといった熱烈な「愛の意味」があるとき、その感情は恐怖を圧倒し、消滅させるほどの力を発揮するのである。

なぜなら、愛とは自他が一体となることであり、恐怖の根源である自我が消滅することだからだ。愛するとは、自分（というイメージ）が死ぬことなのだ。そして、すでに死んでいる人には、もはやいかなる不安も恐怖も存在しない。

マザー・テレサは、負傷者を救助するために、砲撃が続くボスニアの街中に入っていく決意を固めた。普通であれば、すさまじい爆音を耳にしただけで、恐ろしくて足がすくんでしまうだろう。だが、そこに「愛の意味」があるときには、恐怖も不安も近づくことができない。

あのアウシュビッツに、ポーランドの修道士マクシミリアン・コルベ神父がいた。脱走者が出たことの見せしめとして、10人の捕虜の死刑が決まった。神父は該当者ではなかったが、自ら志願して、そのうちのひとりの身代わりになったのである。

死刑といっても、それは真っ暗な地下牢に閉じ込められ、食べ物も水も与えられずに餓死させられるという、もっとも残酷なものだった。かつてそこに閉じ込められた者は、半狂乱になり、泣きわめき、壁を爪で引っかきながら死んでいった。

ところが、今回は様子が違った。中からは、かすかな歌声さえ聞こえてきた。そして全員、静かに死んでいったという。

《悟りを開くヒント》
・安全回路は不安と恐怖を煽って防衛、隠蔽、蓄積、帰属に人を駆り立てる。
・恐怖のほとんどは、実在しない幽霊のようなものである。
・運命を変えるのは自分の心のあり方であり意志の強さである。
・「信じるな、疑え。否定も肯定もするな。わからないものはわからないままに探求せよ」という態度が、未来の可能性を開いていく。
・イメージの世界で自己満足すると、悟ったつもりになってしまう。

・自己イメージを守ろうとせず、裸の自分をさらけ出せば、不安と恐怖から解放される。
・自己イメージを守るために、言い訳や理屈を見つけだし、ありのままの自分や現実から目を背けようとする自我の働き「緩衝器」に注意せよ。
・苦しみや悲しみの経験は、人に低音の深みを与えてくれる。音域の広いそんな人間への愛と憧れが、運命からの恐怖を取り去ってくれる。
・恐怖から逃げてはいけない。逃げれば逃げるほど追いかけてくる。
・恐怖の大半は無知からくる。恐怖を分析すれば怖れるものはないことがわかる。
・最悪の事態を覚悟して肚《はら》を決めれば、恐怖の方が怖じけて逃げていく。
・「愛の意味」を見つければ、いかなる恐怖にも負けることはない。

第4章　欲望と中毒からの解放——「刺激回路」の改造

人類が火を使えるようになったのも、進歩を求める刺激回路のおかげである

第4章では、自我の機能のうち、残された「刺激回路」について探求していきたい。

この回路は、文字通り刺激を得ることを目的としている。肉体的には、うまいものを食べたり、異性と交わるなどの行動として、知性的には、見たり聞いたり、知識や情報を得たいなどの好奇心、新奇なものへの探求心として現れる。人類が火を使えるようになったのも、この欲求に促された結果だと考えられる。

おかげで、肉を焼いてよりおいしく食べられるようになり、寒い日はあたたかくすごせるよう

になり、夜は明るくすごせるようになった。より生存に適した生活環境へと進歩していったわけである。このように、刺激回路は、人の進歩にとって重要な役割を果たしている。

ところが、刺激のない状態が続くと、それを進歩のない状態とみなし、空虚感や倦怠、孤独といった感情を誘発させ、刺激を求める行動へとわれわれを駆り立てるのだ。

原始時代であれば、未開のジャングルは限りなく残されていただろうから、どんどんと刺激を求めてジャングルに進出し、狩りをし、薬草を発見するなどして、刺激を味わいながら、それが生活向上の進歩と直結していたであろう。刺激回路が少しくらい野放しであっても、たいした問題は生じなかったに違いない。

だが、現代社会では、事情は大きく違う。

少なくとも、身近に未開の地など残っていないし、新たな発見などは、専門教育を受けた一部のプロフェッショナルにしか残されていない。そのため、子供のうちは、見るもの聞くものすべてが「学びと成長」への刺激であったのだが、いつしか何も感じなくなり、毎日はパターン化され、進歩に結び付くような刺激など、今日ではほとんど消失してしまったのである。

現在、われわれに与えられる刺激といえば、その大半は、人工的に作られた〝刺激のための刺激〟でしかない。

具体的には、あらゆる娯楽や道楽がそうだ。ギャンブル、旅行、パーティ、映画（特にホラー）、コンサート、遊園地（特にジェットコースターやお化け屋敷）、テレビゲーム、ドライブ、ゴルフ、狩猟、性風俗、酒や煙草などの嗜好品などである。気晴らしやリラックスが目的というより、積極的にスリルや刺激を味わうための娯楽全般である。

もちろん、刺激を味わうことが悪いというわけではない。問題なのは、刺激回路が絶え間なく刺激を求め続け、そのために空虚感、失望、欲求不満、倦怠、意気消沈、孤独といった不快な感情を誘発させ、刺激を求めずにはいられない「中毒症状」になることなのだ。

こうなると、社会が提供する刺激では物足りなくなり、アルコールやドラッグに溺れたり、色情に走ったり、動物虐待やいじめ、万引きやスリ、車の暴走、放火といった違法行為、場合によっては殺人までが、刺激を求める動機で為される可能性が出てくるわけだ。

これでは、生活の向上や進歩どころか、むしろ退化であり自己破壊的な行為なのだが、自我の刺激回路にとって重要なのは、実際に進歩しているかどうかよりも、進歩しているように思えるイメージなのである。

そして、このイメージは、刺激を受けていないと保持できないのである。だから、常に刺激を求め続けてしまうのだ。要するに「刺激さえ受けていれば進歩だ」という、誤った不合理なイメージを抱いているのである。

そして、他の回路と同じように、人をこうしたイメージの「現実」に埋没させてしまうため、光の存在は想起されることがなく、悟りの障害となってしまうわけである。

では、どのようにすれば、刺激回路の問題を解決できるのだろうか？

多忙な仕事が悩みを解消した理由。どうすれば性の欲望から解放されるのか

大学時代、精神世界を探求してきた私であったが、いつのまにか卒業ということになった。だが、まだまだ悟りの修行を続けたかったので、時間稼ぎのために大学院に進もうと考え、ある大学の宗教学科を受験したが不合格に終わった。

そこで仕方なく、修行をするにも資金が必要だったので、アルバイトを始めた。最初はデパートの店員などをしたが、やがてある広告代理店に入った。

ここは、学生の就職雑誌を作る会社だった。アルバイトとはいえ、仕事内容は正社員と同じで、実に忙しい職場だった。あらゆる企業の人事部へ足を運び、いろいろな人に会った。朝から深夜まで働き通しだったので、修行はほとんどできず、家には寝に帰るようなものだった。

けれども、社内は同年代の若い男女ばかりで、楽しく働くことができた。よき上司にも恵まれ、しばしば食事や、スポーツ・クラブなどに誘っていただいたりした。

ある意味で、今までの人生の中で、もっとも楽しく幸せな時期だったように思う。修行に取り憑かれていたときと比べれば、まるで天国のようだった。いろいろあったはずの悩みが、あまりにも忙しくて悩んでいる暇がなかったせいか、消えてしまったかのように思われた。

これは、精神療法のひとつ「森田療法」でいう「作業療法」と同じ原理だったのだろう。庭を掃くなどの外的作業に専念させることで、内面の苦悩に向けられていた意識を外にそらし、患者を神経症の悩みから救おうとするものだ。

たしかに、こうすれば、つまらない悩みからは解放されると思う。

だが、本当の悩みは、一時的には忘れることはできても、決して消えたりはしない。単に解決を先送りしているにすぎないのだ。

私は、愛の喪失からくる空虚で孤独な気持ちは、ニルヴァーナという真実の愛を得ることによってのみ、埋められるものと思っていた。

だが、それはあまりにも遠大な地点にありすぎた。私はいつしか、愛の空虚感を、肉体的レベルで満たそうとしていたのである。すなわち、女性への性的な欲望によってである。

だが、いくら女性を抱いても、まったく心の飢えは満たされないのだ。満たされるのは肉体的な性の欲求だけで、心理的には、むしろ空しさばかりが募ってくるのだった。

やがて私は、セックスを求める反面、セックスから解放されたいという、矛盾対立した欲望（アンビバレンス）に悩まされることになった。

女を抱く前には、その美しい肉体の形や柔和な肌に魅了され、その心も肉体も、すべてが愛しく思われ、世の中にセックスほど幸福でわくわくしてすばらしいものはないと思うのに、行為が終わってしまうと、愛すべきはずだった女性は、単なる〝モノ〟となり、有機質でできたダッチ・

ワイフに化けてしまうのだ。

行為後における、砂を噛んだような味気無さ、失望、空虚さ、自己嫌悪が、洪水のごとく流れ込んできて、圧倒されてしまうのである。釈迦が口にした、とても上品とはいえない言葉を借りれば、〝糞袋〟のように、不浄なものに見えてしまうのだ。行為が終わった後、私は、なぜこんなことをしなければならないのかと、腹立たしく、情けない気持ちでいっぱいになった。神はなぜ、セックスという、やっかいな行為を営むようにさせたのだろう？

こんなことに、何の意味があるのだろう？　なぜ男と女を創造したのだろう？　生殖のためならば、もっと別の方法もあったはずである。すべてが同性であれば、世界中に満ちている男女の間のトラブルも、深刻な苦悩も、いっさいなかったであろうに！

とにかく、何かが違うのだ。セックスなど、本当に私が求めているものではないし、私の胸の痛みはまったく癒されないのである。それはよくわかっているのだ。

わかっているのだが、女性と交われば、一時的にしろ、愛に満ちた一体感らしきものが得られ、安心と癒しがもたらされる気がして、いつもずるずると性の欲望に振り回されてしまうのだ。

とにかく、こんなことをしているようでは、悟りなどおぼつかないと思った。

そこで、性の欲望から解放されるため、今度は逆に、徹底的な禁欲を試みた。半年ほど、性的な行為のいっさいをせずに我慢してみたのだ。だが、頭の中はいつも、女・女・女……なのである。

キリストは「女を見て淫らな気持ちを起こしたら、すでに姦淫したのと同じだ」といったそうだが、ならば私は、とんでもなく姦淫をしていたことになる。

結局、禁欲では何も解決しないと思い、作戦を180度変えてみることにした。

性の欲望から解放されるためのタントラ。アブノーマルなセックスの原因は何か

ヨーガの中にタントラと呼ばれる道がある。

これは、いたずらに禁欲をして欲を消そうとするのではなく、むしろあらゆる欲望を味わい尽くすことによって、欲を超えようとする教えである。いやというほど欲望を味わえば、もううんざりして、未練も欲もなくなるだろうというわけだ。

この教えに従い、あきるほどセックスをすれば、性の欲望から解放されるかもしれない。そう思った私は、女というものを徹底的に味わい尽くしてみることにした。電話をして女の子をホテルに呼び出すという性風俗を利用して、月に2回くらい、この自己流タントラの修行を続けてみた。

けれども、いつもパターンは同じであった。

最初はわくわくするのだが、行為が終わると、空しい気持ちだけが残り、もう女なんて卒業だと思う。なのに、すぐに欲望は復活し、1日か2日もたてば、また女を抱きたくなってしまうのだ。そのたびに自己嫌悪が募るばかりなのである。

ただ、女性たちからいろいろな話を聞けたことは勉強になった。彼女たちの口から、世の中にはさまざまな人間がいるものだと驚いたものである。

ＬＳＤによる意識変容の研究で知られる精神科医スタニスラフ・グロフによれば、出産時の状況が、その後の人生の方向性、とりわけ性的趣向に大きな影響を与えるという。

たとえば誕生時に母親の糞尿にまみれたりすると、いわゆるスカトロ趣味になり、臍《へそ》の緒が首に巻き付いたりすると、性的快感を得るために首を締められることを要求したりするという。また、社会的に地位が高い人ほど、アブノーマルなセックスを好む傾向にあるらしい。

しかし、彼女たちが異口同音にいうには、こうした変態趣味の客よりも、金を払っているんだぞと威張りながら、自分たちをモノのように扱う客が一番イヤだといっていた。

決して人に誇れるようなことをしているとはいえない私だったけれども、彼女たちをそのように扱ったことだけは一度もないことが、後ろめたい気持ちに対する救いではあった。

いずれにしろ、この時期は、人間の、そして自分自身の病理をかいま見た思いがした。

援助交際をする本当の理由。金は愛となり自分はモノとなる

しかし、金のためとはいえ、彼女たちが援助交際までするのは、いったいなぜなのだろう？

理由はいろいろあるに違いない。やはりまず、性に対するこだわりが希薄になったためであろう。かつてのような羞恥心や罪の意識は薄れ、性の尊厳などという理屈など、おそらく理解できないだろうから、セックスなどは、スポーツのような感覚なのかもしれない。だから、報酬をもらって〝スポーツ〟の相手をしてどこが悪いという発想になるのかもしれない。

しかし私には、彼女たちの育った環境に、深い病根があるようにも思われる。条件づけられた愛情しか受けてこなかったような気がするのだ。

すなわち、「よい子でいれば愛してあげる」「親のいうことを聞けば愛してあげる」というように、愛が取引されていたのではないだろうか？

彼女たちの親の世代は、より豊かな生活をするため、父親は夜遅くまで残業し、母親もパートに出てしまう時代だった。もっとも、それは今でもあまり変わっていないけれども、とにかくそんな家庭では、子供は学校から帰ると、家の鍵を使ってだれもいない家に入り、おやつを食べて遊びにいったり、塾にでかけていったのだ。

それほど忙しい親が、子供とゆっくり付き合う暇はない。遊んであげたり、話を聞いてあげる暇はない。そこで、よい子でいた報酬として親がしてやれるのは、金で好きなものを買ってやることだけである。つまり、金で自分たちの愛情を表現したのである。

そんな育てられ方をした子供にとって、金はまさに、愛情のシンボルではないだろうか。つまり彼女たちにとって、金は愛なのだ。そして彼女たちは、その「愛」を手に入れるために、自分を〝よい子〟にすることを学んでいったのではないだろうか。

だが、〝よい子〟とは何だろう。それは、親のいう通りになる子供ということだろう。

親は、よい子にしていればモノを買ってやるといって「取引」をもちかけ、子供はその取引に応じて自分を〝よい子〟にする。金のために彼女たちは、自分を〝よい子〟にしてきたのだ。つまり、自分の意思や好みや個性を殺して、人形のような〝モノ〟を演じてきたのである。そしてモノであれば、金で売買されるのだということも、彼女たちはよく知っているのだ。

こうして彼女たちは、すでに小さいときから、援助交際の〝練習〟をさせられてきたのではないだろうか。自分をモノにしてしまえば、どんなにむさくるしい男であろうと、アブノーマルなセックスであろうと、そして文字通り、モノのように扱われても、平気になるだろう。モノには、感覚も感情も無いからである。

しかも、彼女たちにとって、金は愛である。それは、かけがえのない親の愛なのだ。そんな「愛」を手に入れるためなら、彼女たちは平気でモノになるのである。

けれども、それは愛なんかではない。

金は愛ではないし、彼女たちも、モノではないのだ。

私はセックスを「深い愛の交流」だと思っていた。セックスが深い愛の一体感と安心感、魂の渇きを癒してくれるものと思っていたのである。

だが、それはあやまったイメージだった。セックスは、それ自体では愛ではないのだ。当たり

郵便はがき

恐縮ですが
切手をお貼り
ください

107-0062

東京都港区南青山5-1-10
南青山第一マンションズ602

株式会社 ナチュラルスピリット

愛読者カード係 行

フリガナ		性別
お名前		男・女

年齢	歳	ご職業	
ご住所	〒		
電話			
FAX			
E-mail			
お買上書店	都道府県　市区郡　書店		

ご愛読者カード

ご購読ありがとうございました。このカードは今後の参考にさせていただきたいと思いますので、アンケートにご記入のうえ、お送りくださいますようお願いいたします。

小社では、メールマガジン「ナチュラルスピリット・ニュース」(無料)を発行しています。
ご登録は、小社ホームページよりお願いします。**http://www.naturalspirit.co.jp/**
最新の情報を配信しておりますので、ぜひご利用下さい。

●お買い上げいただいた本のタイトル

●この本をどこでお知りになりましたか。

1. 書店で見て
2. 知人の紹介
3. 新聞・雑誌広告で見て
4. DM
5. その他（　　　　　　　　　　　　　　　　　　　　）

●ご購読の動機

●この本をお読みになってのご感想をお聞かせください。

●今後どのような本の出版を希望されますか？

購入申込書

本と郵便振替用紙をお送りしますので到着しだいお振込みください（送料をご負担いただきます）

書　籍　名	冊数
	冊
	冊

定価 本体1500円+税

斉藤啓一 著

発行 ナチュラルスピリット
TEL・03(6450)5938

書名 悟りを開くためのヒント

冊

注文

ISBN978-4-86451-112-4
C0010 ¥1500E

9784864511124

売り上げカード

売上げて頂きましてありがとうご
追加ご注文は弊社までお願

書名 悟りを開くためのヒント

発行 ナチュラルスピリット

斉藤啓一 著

00円+税

…た…

…を共有できないでいると…

…力が、一体感を渇望し、そのかけらでもいいか…

…るよう、けしかけてくるように思われた。

…場には、普段は酒など飲まない私が、酒場へ行きたくなったり、スリルや…めて繁華街をうろついたりするのだ。つまり刺激を求めるようになるのである。

それは、10代の若者のような好奇心からではなく、胸に潜む空虚さや倦怠感、孤独感から逃げるためである。だが、そうしても何も変わらない。そんなことをしても、一時的に忘却するだけで、依然、空しいのだ。わかってはいるのだが、つき動かされてしまうのである。

前といえば当たり前だが、なのになぜ、セックスが、愛に満ちた一体感、安心と癒しをもたらしてくれるものに思えたりするのだろう？　なぜそれほどまでに、強烈なイメージを抱かせてしまうのだろうか？

結局、私はこうした性風俗の試みからは、しだいに足が遠のいていった。多少なりとも進歩の感覚があるならまだしも、いつもうんざりするような同じパターンの繰り返しだったからだ。

やはり、空虚な気持ちを満たしてくれるのは、霊的な愛しかないのだと思った。つまり、悟りを開くしかないのだと。そうすると、仕事の楽しさも、あまり感じなくなっていった。毎日、空しい気持ちだけが胸を支配するようになった。「このままでいいのか！」という、内なる声が大きくなっていった。

一方、上司は、このまま正社員にならないかと勧めてくれた。ありがたいことである。

このまま正社員になって、この会社で働き続けたら、幸せかもしれないとも考えた。実際、この1年余り、私は十分に幸せだったではないか。これからも、悟りなどということを考えずに、仕事に熱中すれば、幸せでいられるのではないか？

だが、私は悟りを求めて会社を辞める決心をした。

欲望の中毒から完全に解放されるには、宇宙的な一体感をめざすより道はない

結局、私がセックスに惹かれたのも、究極的には、「一体感」を求めていたのではないかと思う。だが、心の深い部分からの一体感など、この社会の人間関係において、そう頻繁にあるものではない。むしろ、誤解や偏見、差別、エゴイズム、摩擦、無関心、無理解ばかりが横行している。

こうした世界では、心を開きたくても開けない。へたに心を開けば、傷つけられたり、理解してもらえず失意に終わるのがオチだからである。だからわれわれは、人との深い交際を避け、バリアを張り、各人が「独房」に入り込んで、自らの孤独を嘆いているのだ。

私は、そういう状況にしばらく置かれ、だれとも一体感を共有できないでいると、性欲が顔をもたげてくることに気がついた。私の内面の何かが、一体感を渇望し、そのかけらでもいいから味わおうとして、女を抱きたくなるよう、けしかけてくるように思われた。

しかも、こういう時期には、普段は酒など飲まない私が、酒場へ行きたくなったり、スリルや興奮を求めて繁華街をうろついたりするのだ。つまり刺激を求めるようになるのである。

それは、10代の若者のような好奇心からではなく、胸に潜む空虚さや倦怠感、孤独感から逃げるためである。だが、そうしても何も変わらない。そんなことをしても、一時的に忘却するだけで、依然、空しいのだ。わかってはいるのだが、つき動かされてしまうのである。

そうして気づいたことは、どんなに刺激や快楽を求めても、決して満たされないだろうということだった。ただ一時的に、空虚、倦怠、孤独を忘却できるだけだ。そのため、さまざまな娯楽、旅行、セミナーと飛び回り、決して深みには至らない表面的な人間交際の輪を次々に広げていく。こうして、刺激を求める自我の衝動、つまり「刺激回路」は、自分が進歩しているのだというイメージを保とうとする。

だが、それには際限がない。「刺激が進歩だ」と誤解しているからだ。ひたすら刺激を追い求め、ひたすら空虚な気持ちから逃げ続ける。まるで車輪の上を走り続けるマウスのように。どこかで、この回転を止めなければならないのだ。

そして、それには「一体感」を得るしかない。一体感をつかんではじめて、刺激回路はその機能を停止する。一体感によって得られる充実感こそが、真に空虚な胸を埋めてくれるからだ。

なぜなら、一体感こそが、本当の進歩だからであろう。

進歩を促進させるために、刺激回路がわれわれを刺激に駆り立てるのは、ある意味で間違ってはいない。実際、そうしてここまで文明が進歩してきたのだから。

だが、刺激を得ることが最終目的ではなかったのだ。最終目的は、あくまでも一体感であり、刺激はそのためのきっかけ、原動力にすぎなかったのである。つまり、人を一体感へ向かわせるために、刺激を求める気持ちが湧き上がってくるのだ。

われわれが、度を越した娯楽にふけったり、ギャンブルに狂ったり、アルコールやドラッグに溺れたり、援助交際や色情に走ったり、アブノーマルなセックスをしたり、動物虐待やいじめ、万引きやスリ、車の暴走、放火といった違法行為、その他、多くの病的な刺激を求める背後には、一体感の欠如による空虚な気持ちがあるように思われる。

仮に、一体感の欠如を「愛の欠如」と言い換えられるとすれば、病的に刺激を求める人は、その根底に、愛の飢えがあるのかもしれない。刺激さえ受ければ、愛の渇きが癒されると勘違いしているのだ。いくらセックスをしても満たされず、愛の渇きが癒されなかったのも、刺激ばかり追いかけて、一体感を得ることに意識が向けられていなかったからである。

一体感と悟りとの関係は、第7章で詳しく扱うテーマであるが、究極的には、一体感が得られたときというのは、悟りを開いたときなのである。したがって、悟りを求めている人は、実は一体感を求めているのであり、またそうでなければならないわけだ。

そして、一体感を得るためには、イメージは消え去らねばならないのである。

たとえば、「赤」という色をイメージしたとき、おそらくあなたの赤と私の赤は微妙に、あるいはかなり違う。だから、決してひとつの赤として融合することはない。イメージではなく、赤そのものを共有しなければ、真の意味で一体感を得ることはできない。

だが、われわれはすべて、光の存在においてはひとつなのである。つまり真実は、すでに一体化しているのだ。ただイメージのせいで、あたかも分離しているように見えるだけなのである。イメージが消えたとき、すでに一体なのだという真実が把握される。それが悟りである。

★公案「一本の指」

どんな質問を受けても、ただ指を一本立てるだけの倶胝《ぐてい》という和尚がいた。寺にきた客が小僧に法の説き方を尋ねた。すると小僧は、和尚のように指を一本立てた。それを見た和尚は、小僧のその指を切り落としてしまった。泣き叫んで逃げる小僧に、和尚はいった。

「おい、こっちを見ろ！」

小僧が首を向けると、和尚は例のごとく、指を一本立てていた。それを見て小僧は、その場で悟った。

無門関

◆刺激回路の消去による空虚さと孤独からの解放

先にあげたさまざまな病的刺激、また中毒症状から解放されるには、必要なら専門家の指導なり治療を受けるべきことは当然であるが、個人としては、一体感をもった人間関係の確立が大きな決め手となる。それは家族でもいいし、友人でも、恋人でもかまわない。相手がだれであれ、心からの触れ合いと交流をもち、一体感を覚えるような人間関係をもつと、驚くような治療的効果、癒しの効果が現れる。それはしばしば、奇跡とも思えるような変容ぶりを発揮することもある。

たとえば、アルコール中毒だとしても、愛ある人間関係の一体感があるだけで、かなり緩和されてくる。なぜなら、あらゆる中毒の根底には、一体感の欠如からくる空虚な気持ちがあると考えられるからである。ただし、何事もそうだが、ひとつの症状がひとつの原因だけに由来していることは少ない。たいてい複数の原因が絡み合っているのが普通である。だから、一体感ある人間関係さえあれば、あとは万事OKなどというつもりはない。考えられる対策はすべて講じなければならない。ただそれでも、一体感の欠如は、そうした原因の中でも大きなウエイトを占めるものと考えていいだろう。

いずれにしろ、程度の差はあれ、あらゆる病的な傾向に対して一体感がもたらす力には、信じられないものがある。たとえ、完璧な一体感を覚えなくても、なるべく心を開き、人との触れ合い、交際の機会をもち、親密な人間関係を築くようにするべきである。

これに加え、次の2つの方法を実践していただきたい。

刺激回路に対する「無抵抗の理解」

心の中にあらゆる欲望や刺激を求める気持ちが湧いてきても、それは刺激回路が渇望しているのであり、あなた自身が渇望しているのではない。本当の自分とは、愛と英知の光の存在であり、それはすべてにおいて完全に満たされた状態である。

この自覚に立ちながら、その渇望を見つめ、鏡のように映し出し、渇望と一体化していくのである。もちろん一体化というのは、渇望に身を任せるのではなく、静かに味わうことである。味わいつつ、さらりと受け流すのだ。

「刺激が進歩だ」という誤ったイメージが弱体化するまで、しばらく空虚さ、倦怠、孤独などを感じて苦しいかもしれないが、根気よく続けていくと、しだいに（あるいは突然に）、そうした不快な感情から解放される。それはイメージが消去されたからである。

ただし、刺激回路の場合、今まで考察してきた他の2つの回路と比べ、より密接に生理的な現象と関係している。そのため、無抵抗の理解だけでは、完全には渇望が消えない場合もある。

たとえば性欲の場合、性欲があるのが健康体であり普通である。もしも性欲を完全に消失させようとすれば、去勢しかないだろう。しかしここでめざすのは、病的なまでに性欲を煽っているイメージの消去なのである。

また、アルコール中毒の場合、程度が進んでいると、脳の器質的な障害が伴っているため、どうしても医学的な措置により、脳細胞そのものを健全にさせなければならないだろう。本書では、過剰にアルコールへの嗜好を煽っているイメージの消去を試みているわけである。

だが、いずれにしろ、われわれの本質は、愛と英知と至福に輝く光の存在である。たとえいかに醜い欲望を感じたとしても、それは決してあなたが起こしているのではなく、同居人であるロボットが起こしているだけなのだ。いかに自分自身がその欲望を起こしているように感じられたとしても、違うのである。繰り返すが、それはあなたではなく、あなたとは直接に関係のないロボットであり、機械なのである。この自覚が非常に大切なのだ。

欲望と中毒から解放されるための「進歩の記録」

刺激回路は、進歩を促進させることが目的なので、実際に進歩していることを説得させると、過剰な刺激を緩和させることができる。そのために「進歩の記録」をつけることを勧めたい。

それは、1日の終わりに、自分はどれだけ進歩したのかを、箇条書きにするものである。それは仕事上の業績、どれだけ家族や友人との交流を深めたか、どれくらい世の中の役に立ったか、どれくらい精神的に成長したかなど、その他、どのようなことであれ、自分は毎日、確実に進歩しているのだということを、目に見える形で、つまり文字として記録するわけだ。

会議で意見を述べるのが上手になった／本を読むスピードが速くなった／家のローンを今月も払い終わった／いつもより30分早く帰って子供と遊ぶことができた／親友に励ましの手紙を書いた／電車で足を踏まれたが以前より憤慨しなくなった／街頭募金をした……。

こんな具合に、どんなことでも、どんなささいな進歩でもかまわない。

そして、〝充実感〟を抱いて眠ることである。

そのため、あまりにも理想が高く完全主義だと「まだまだ努力が足りない」などと思って、かえって逆効果になってしまうので注意が必要だ。偉大な業績は、小さなことの積み重ねによって成り立つのだと肝に銘じ、どんなに小さくても進歩したことを評価し、充実感を味わって眠りについていただきたい。
すると、「刺激さえ受けていれば進歩だ」という不合理なイメージはしだいに消えていき、結果として欲望や中毒から解放されて、悟りへの道が開かれていくことになる。

《悟りを開くヒント》

- 「刺激さえ受けていれば進歩だ」という刺激回路の誤ったイメージが、空虚感、倦怠、孤独の原因であり、悟りの障害となっている。
- 内面の苦悩に向けられていた意識を外にそらせば、つまらない悩みからは解放される。
- 心が通い合わない異性といくらセックスをしても、心の通い合う異性とのプラトニックな愛には遠く及ばない。
- 一体感をつかんではじめて、刺激回路はその機能を停止する。
- 一体感によって得られる充実感こそが、真に空虚な胸を埋めてくれる。
- 一体感こそが、本当の進歩である。
- 病的に刺激を求める人は、その根底に愛の飢えがある。
- 一体感を覚えるような人間関係をもつと、驚くような治療的効果、癒しの効果が現れる。
- 充実感を抱いて眠ることで、刺激回路は弱体化していく。

第5章

比較と評価の放棄

悟りを開くために必要な光の存在の思い出し方

悟りを開くとは、光の存在（本当の自分）を思い出すことであった。

そのためには、頭の中の余計なものを除外する必要があった。それが自我（の3つの回路）が投影する自己イメージであり、そのための消去法を紹介してきたわけである。

ここを乗り越えると、われわれは「自我意識」から解放されるようになる。

自我意識とは、今まで考察してきたように、頭脳の機械的な部分（自我の3つの回路）に翻弄され、機械的なパターンの考え方、生き方しかできなかったレベルである。その意識レベルでは、われわれはロボットと、実質上、大差はなかったわけである。

この状態は、条件づけられ、選別的で、自分の意に反するものは否定する。理解し合うという姿勢がない。そのため常に競争し、張り合い、争いが絶えない。

しかし、3つの回路を弱体化させ、それが作り出すイメージが希薄になっていくと、自我意識から「調和意識」へと移行するようになる。この段階から「小さな悟り」が始まる。

調和意識は、文字通り調和的な意識である。人を、万物を、自分のことのように愛し、共存しようとする意識だ。否定や対立ではなく相互理解をめざす。そのため、この意識があるところには愛が、和合が、平和が、助けあいが、分かちあいがある。ちなみに、調和意識の上には合一意識がある。これは究極の悟り意識である。詳しくは最後の章で扱うことになる。

とりあえず第5章と第6章では、調和意識を高めることに焦点を置いて進めていきたい。

そのためには、より一層、光の存在を意識の表面に接近させる、つまり想起させていく必要がある。今までは、頭を空にすることで思い出そうとしてきたが、しかし他にも、思い出す方法というのはあるに違いない。

たとえば、こんな経験がないだろうか。

香水の匂いをかいだとき、それを愛用していた恋人のことを思い出したり、鐘の音を耳にするとクリスマスを思い出すなどである。

いったいなぜ、香水の匂いで恋人を、鐘の音でクリスマスを思い出すのだろう？

理由は、その匂いが恋人の、鐘の音がクリスマスの「属性」だったからだ。本体を特徴づける一部（属性）に接するだけで連想が働き、本体そのものが思い出されるわけだ。

そのため、薔薇《ばら》の属性である「きれい、赤、香り、トゲ」という特徴を並べるだけで、脳裏に薔薇が浮かんでくるのである。

このように、属性に接することもまた、何かを思い出すための方法となる。

ならば、これと同じ想起の原理を、光の存在にも適用できるのではないだろうか？

つまり、光の存在の属性に接すれば、光の存在を思い出すことができるのではないか？

では、光の存在の属性とは、何だろう？

いうまでもなく、それは愛であり、英知であった。

すなわち、愛と英知に接すれば、われわれは光の存在を思い出し、悟りを開くことができると考えられるのである。あたかも鉄が磁石に引き寄せられるように、光の存在の属性に接することで、光の存在は、意識の奥底から表面に引き上げられてくるに違いない。

第1章から第4章まで論じてきたことは、いうなれば磁石と鉄の間にある障害物を除去する方法だったといえるだろう。これはどちらかといえば、自力的な修行である。

これに対し、光の存在を「磁石」で引き寄せる修行は、他力的だといえるかもしれない。

われわれのすることは、ただ磁石を置くこと、つまり愛と英知に接することだけである。あとは、光の存在が、自ら磁石に引き寄せられるのを待つだけでいいのだ。

では、愛や英知に接するとは、具体的にどうすればいいのだろうか？

ヨーガ道場のハードな修行と、そこで出会った人たちから学ぶ

ここで再び、私自身の話から始めてみよう。

広告代理店をやめた私は、気を取り直し、再び悟りをめざして進んだ。手初めとして、心身を浄化して鍛え直そうと思い、地方にある自然に囲まれたヨーガ道場の門を叩いた。ここは主に、肉体の鍛練をめざした道場であるが、さまざまな病気を抱えた人も治療を目的にやってきた。体操や運動、呼吸法や食事療法などを基本とし、下座、奉仕、愛行といった宗教的な生き方なども教えていた。

朝は5時に起床。洗面後に般若心経などを唱え、終わると掃除。そしてマラソン。マラソンがすむと、山にある滝か、風呂場で水を浴びる。朝食としてみそ汁を飲み、ヨーガの体位法を練習する。そして「強化法」と呼ばれる、ハードな運動をして午前中の日課が終了する。

強化法は、うさぎ跳びだとか、トカゲみたいに床を這うだとか、馬乗りだとか、普段はやることのない運動を、自分の力の限界まで出し切ることを主眼としている。ときにはかなり危険なこともやらされる。橋の欄干に座り、パートナーに足をもってもらい、そこで腹筋運動をしたこと

もあった。もしも足を離されたら、岩がごつごつと並ぶ河原に転落してしまう。死ぬか大怪我である。だから必死になってやった。このようなことを1時間みっちりやり、水を浴びる。

そして昼食。玄米や野菜の煮たものが少量。肉や卵などの動物性は出ない。

昼食後はしばらく休憩し、その後には布団を干したり、畑を耕したり、散歩したりといった軽い運動をしてすごす。夕食は、軽くかけそばを食べるだけ。

夜は瞑想をしたり、講義を聴いたり、灸などの治療を受けたり、あるいはちょっとしたレクリエーションがある。寝る前に1日の感想文を書く。そして10時くらいに消灯になる。

面白いのは、マラソンをするにしろ、食事や掃除をするにしろ、一生懸命にやるという「誓い」を唱えるということである。これは、ともすると惰性になりがちな傾向をあらため、何事も意識的に行うようにするためらしい。

さて、こんな道場には、いろいろ病気を抱えた人もやってくる。ふと夜中に目覚めてトイレにいくと、昼間は健康そのものに見えた青年が、苦しそうに血を吐いているのを見かけたり、脳に腫瘍ができて、突然、口から泡を吹いて倒れてしまう人などもいた。

一方、精神的に病む人も少なからず訪れていた。

ある中年の消防士は、不眠症を治すためにきたという。夜勤で仮眠をとっても、けたたましいベルで起こされる生活を続けた結果、ついに眠れなくなってしまったというのだ。

ところが、彼は横になるとすぐに、こちらが不眠症になるくらい大きないびきをかいて熟睡するのである。そして1時間ほどするとパッと眼をあけ、「眠れない！」と叫ぶのだ。あとは夜中じゅう、道場を徘徊するのである。

また、ノイローゼを治しにきたという20代後半の男性は、幸せになる唯一の方法は、結婚するしかないのだといっていた。理由はよくわからない。ただ、彼との会話はすべて、話題が結婚の話に向かってしまうのだ。道場の食事内容といった、結婚とは何の関係もない話をしていても、「こんな食事を我慢して食べるのも、結婚のためなのだ」とか、政治や社会について話している最中でも、「こういう社会だからこそ、早く結婚するべきなのだ」といった具合なのだ。結婚ということが、片時も頭から離れない様子だった。精神を病んでしまう人というのは、何か特定の事柄に心が縛られているように思われた。

他にも、いろいろな悩みや目的をもって道場を訪れる人がいて、そういう人たちの話を聞くのは興味深かった。結局、この道場は、その後も何回か訪れ、合計すると3週間くらい滞在しただろうか。心境的には特に変化はなかったが、修行のコツを学び、気合を入れるには役に立った。

インドのジャイナ教道場で修行する。徹底的な生命尊重の気持ちに驚く

この道場が企画した、ジャイナ教の修行ツアーに参加したのも、この時期である。

デリーから12時間もバスに揺られ、インド中部のラジャスタン地方に到着すると、広大な敷地に囲まれた、一見すると小さな城を思わせる施設があった。それがジャイナ教の道場だった。周囲は荒涼たる砂漠で、小さな田舎町が点在していた。

ジャイナ教は、仏教とほぼ同じ歴史と内容を持つ宗教であるが、大きな特徴は、その徹底した「無殺生」の戒律であろう。その厳しさのため、あまり教えが広まらなかったようである。

なにしろ、夜は決して外を出歩かない。暗い夜道で虫などを踏んで殺す恐れがあるからだという。昼間に歩くときでも、常に箒《ほうき》を持っていて、それで道を掃いて虫を踏まないように歩く。しかも箒の先は、きわめて柔らかい毛糸のような材質でできている。掃くときに虫を傷つけないためだ。また、口にはマスクをつけている。虫が口に飛びこんで殺さないためだという。

こうした、徹底した生命尊重の考え方には、少なからず驚かされた。

しかし実際には、箒で掃きながら歩く姿を見たことはなかった。おそらく、形式だけになってしまったのだろう。だから箒は、どれも真っ白できれいだった。

こういうわけで、施設には、白い衣服を身にまとい、白いマスクをつけ、白い箒を持った修行僧がたくさんいた。そのうちの半分は女性、それも若い女性ばかりだった。

道場で出された食事は、いうまでもなく菜食で、カレーが中心だった。食器はすべて金属製で、お盆の上にスープのようなカレーが3種類ほど、お椀に入れて置かれてあり、他には野菜の似たもの、ご飯、ナン（パン）などがもられていた。それを、右手だけを使って食べるのだ。

また、食事のたびに甘いミルク・ティーが出された。とてもおいしいのだが、給仕の尼僧が、「もっと食べろ、もっと飲め」と声をかけるもので、最後は少し苦しくなってしまうのだった。

そんな道場で、10日間だけだったが、呼吸法や瞑想法、マントラなどの研修を受けた。内容については、今まで勉強していたので、それほど目新しい収穫はなかったが、インド人行者との意見交換は勉強になった。

親に片足を切断された少年と、娘の汚れた髪をとかす母親

ところで、道場滞在の前後に、デリーなどで観光を楽しんだ。また、ジャイナ教の最高指導者アチャリヤ・トゥルシー師に会見して話を聞いたり、ちょっとしたコネで大金持ちの家に呼ばれて夕食をごちそうになったりした。インドという国は、そのほとんどは貧しい人々だが、金持ちは極端なくらい金持ちである。なにしろ、広大な敷地の屋敷に、専用のコックが何人もいるくらいなのだ。とにかく、その豪奢な生活ぶりには圧倒されるばかりである。

かと思うと、観光地にいけば、貧しい物売りや物乞いが大勢近寄ってくる。

そんな中、片足のない少年の姿を見かけた。

最初、事故か何かで失ったのだろうと思っていた。しかしどこへいっても、やはり片足のない

少年を見かけるのだ。その理由を、インド人ガイドから聞いて唖然としてしまった。

彼らは、生まれてすぐに、親から足を切断されたというのである。

カーストという身分階級制度の根強いインドでは、最下層の人たち、いわゆる非可触賤民（触るのさえ汚らわしいと思われている階層の人）に、事実上、職業選択の自由はない。親が物乞いであれば、子供も物乞いとして一生を送らなければならないのだ。

だが、片足がなければ、人の憐れみを受け、物乞いとして、なんとか生きることもできる。そういう親心から、自分の子供の足を切断したらしいのである。

私は陰鬱《いんうつ》な気持ちになり、考え込んでしまった。

せっかく五体満足に生まれてきた子供の、その足を切断して、わざわざ障害者にしなければならない親の、その気持ちはどのようなものなのだろう？

また、友達と同じように飛んだり走ったりできず、物心ついたときには、憐れみを乞うて生きる道しかないとわかったときの、その子供の気持ちは、どのようなものだったのか？

しかし、そんな沈痛な気持ちとは裏腹に、どの少年も、明るく屈託のない笑顔をしているのに驚かされた。自分の身に起こった不幸を嘆いている様子など、まったく感じられないのだ。

いや、そもそも、何も不幸とは思っていないのかもしれない。少年たちは、まるで楽しく遊んでいるように、われわれ観光客に向かって無邪気に手を差し伸べている。彼らを前にして暗澹《あんたん》たる顔付きをしている私自身が、どうも場違いな、浮いているような感じなのだ。まるで彼らに「元気だしなよ」とでもいわれているようだった。

実際、何が不幸なのか、だれにも決めつけることはできないのかもしれない。親から精神や肉体の虐待を受け、心をズタズタにされてしまう子供は、足を切断されるのと同じくらい、残酷な仕打ちを受けているのかもしれない。むしろそれ以上かもしれない。足の一本くらいなくても、親の愛をいっぱい受けて育てられた方が幸せかもしれないのだ。

一方、別のところでは、次のような光景を目撃した。

それは雑踏で土煙がたちこめる市場だった。駐車場にとめてある車のタイヤによりかかり、ボロを着て頭髪がぐしゃぐしゃの母親が、3歳くらいの女の子を膝に乗せ、母親よりもぐしゃぐしゃで泥にまみれた髪を、歯の欠けたクシでとかしていた。近くには汚水が流れ、腐った野菜などが積み上げられている。

少女の髪は、こげて縮んだかのように汚れていたので、いくらクシでとかしても、見ばえはあまり変わらなかった。しかし母親は、何回も何回もていねいに、本当にていねいに、髪をとかしているのである。そこには、娘への愛情がありありと見てとれた。

母親は、少しやつれてはいたが、自らの境遇を嘆き悲しんでいるようには思われなかった。遠くのほうから、土煙のむこうに見えるその光景を目にして、不思議な思いにかられた。これほどの極貧であっても、母と子の間にある、幸せな愛情の絆は失われないのだと思った。

子供たちと遊んだだけで、小さな悟りが開かれる

話を、ジャイナ教の道場での修行に戻そう。

午前中の講義と行法が終わり、昼食もすんで休み時間に入ったので、私は道場の敷地を出て周辺の村を散歩してみた。

牛が道の真ん中に寝そべっている光景はどこも同じだが、この地方には、孔雀が野鳥としてあちこちに飛んでいた。鳥が好きな私は、ときおり見せるその美しい羽の姿を追って、どんどん村の中に入っていった。

やがて、小学校らしき学校の前にきていた。すると、小学生や、あるいは中学生もまじっていたかもしれないが、たくさんの子供たちが大勢集まってきて、私はまたたくまに取り囲まれてしまった。おそらく外国人を見るのは初めてなのだろう。みんなしげしげと私の顔を見ていたが、どの顔もニコニコと微笑んでいた。

その子供たちの、清純で可愛いらしい、うっとりするような目をみたとき、私は抑さえ難いほどの愛情が湧き上がるのを感じた。それは文字通り〝湧き上がった〟のだ。

すると、自転車に乗っていたひとりの少年が、「後ろに乗りなよ」といった。私は、すでに長い間の友達同士であったかのように、遠慮なく彼の自転車にまたがった。

彼は私を乗せると、村の中をゆっくり走っていった。後ろには大勢の子供たちがついてきた。子供たちは、何がおかしいのか、大声で盛んに笑っていた。だが、しだいに私も、なぜかわからないが、とてもおかしくなって、いつのまにか一緒に大笑いしていた。

見るものすべてが美しく、そして輝いて見えた。すべてが愛しかった。自分というものが、この美しい時間の中に消えてなくなってしまうような感覚を覚えた。いっさいの重荷を降ろしたかのような、とてつもなく軽い、すがすがしい気持ち、心の底からの喜びで、あますところなく満たされていた。私は悟りの意識をかいま見ていたのかもしれない。

今から思い出しても、白昼夢のような瞬間だった。今までの人生を振り返っても、これほどの至福を感じたことはない。天国があるのだとしたら、まさにこんな感じに違いないと思った。

村の中をまわり、再び学校の門の前に戻ってきた。

私は自転車から降りた。後を追ってきた子供たちは息をはずませていた。私はこの子供たちを、思いきり抱き締めたいという衝動にかられた。すると、自転車に乗せてくれた少年が私に向かって叫んだ。

「You are beautiful!」

その言葉を耳にしたとき、私の胸の奥で、何かがパッとはじけ、深い感動が広がった。

何と表現したらいいのか、自分自身の本質的な存在を想起させられたような、ずばり指摘されたような、そんな衝撃を感じたのだ。今にして思えば、それは光の存在（本当の自分）なのだとわかる。少年のその言葉が、光の存在を目覚めさせたのであると。

私はあの子供たちと、言葉や理屈を越えた一体感を共有していた。私は、愛の本質をかいま見たように感じた。すかさず、私もこだまを返した。

「君たちもまた、美しい!」

この世界の本質は、おそらくすべてが愛であり、美であるに違いない。

愛でないものはないのだと思う。ただ、愛でないと錯覚する心があるだけなのだ。醜いものもない。醜いと思う心があるだけなのだ。われわれは愛に抱かれている。たとえどこにいって何をしようとも。だから、何も怖れる必要はない。何も心配する必要もない。

そして、こうも思ったのだ。

悟る必要もないのではないか?

悟ったり、解脱しようとして、必死に苦闘する必要など、どこにもないのではないか?

ただこのまま、幸せに生きていればいいのではないか? なぜ悟る必要などあるのかと。

しかしこの直感は、まもなく消え去ってしまった。それでも、非常に核心をついたインスピレーションのように思われた。

無条件の愛が心を癒し、悟りを開かせてくれる

いったいなぜ、ここで悟りの意識を体験したのだろうか？

序章で紹介した悟りの場合は、オウムとの一件で自己イメージが破壊されたからであった。だが、今回は違う。そのような辛い経験は、何ひとつしていなかった。

考えられることは、あの子供たちの、純粋で無条件な態度ではなかったかと思うのだ。

子供たちと私との間には、いかなる利害関係も、取引もなかった。インドの田舎の子供たちは、日本や先進諸国のように、大人の物質的な価値観に毒されていない。何のこだわりも偏見もなく、私をひとりの人間として見てくれた。

私自身もまた、ありのままの自分をさらけだすことができた。お互いの、そんな無条件さが、私と子供たちとの分離を解消させ、〝一体感〟へと導いたのではないかと思う。

たとえば、「アニマル・セラピー」なども、これと同じ原理なのかもしれない。イルカと泳いでいるだけで、精神的な病が癒され、病状が好転することがあるらしいのだ。たとえば自閉症の子供が治ったりするのである。

このような癒しの力がどこにあるのか、はっきりしたことはわかっていないが、一説によれば、イルカが相手を無条件に受け入れるからだといわれている。

イルカは、相手の地位や家柄、名声や財産、学歴や容姿、過去の失敗、性格的な欠点などに関係なく、その人のありのままのすべてを、無条件で受け入れて遊んでくれる。人間のように、評価したり比較したりしないから、緊張して自分を偽ったり、よく見せる必要もない。

こういったことが、深く傷ついた心を癒してくれるのだろう。

見方を変えれば、いかにわれわれは条件付けられた世界で生きているかということだ。

人を見るとき、「この人はどんな仕事をして、いくら稼いでいるのか、金持ちなのか、家柄はどうなのか、学歴はどうなのか、知名度はどうなのか、地位は高いのか、実力者とコネがあるのか、才能はあるのか、容姿はいいのか、自分にとって利益があるのか……」

こんな具合に、さまざまな角度から分析される。まるで人間ドッグに入ったかのようである。こんなことが、仕事の上だけであれば、それほどの問題にはならないかもしれない。

だが、これが家族や友人関係で行われたら、なんという殺伐とした状況になってしまうことか。家族に愛されることさえ、条件づけられるのである。「勉強すれば愛してあげる」「いうことをきけば愛してあげる」「やせて可愛ければ愛してあげる」といったように。

こういったことは、すでに述べたように「取引」である。愛が取引されているのだ。

だから、子供は愛されるために自分をごまかす。自分でない自分を演じる。親の顔色をうかがいながら、常に愛されない恐怖と戦い続けるのだ。だが、そんな戦いがいつまでも続けられるはずがないし、続けられたら異常である。戦いに疲れた子供は、自分は愛されるに値しない人間なのだと自分を責め、心を閉じて病んでしまうのだ。

イルカが、実際に人を愛しているのかどうか、それはわからない。だが、少なくとも条件付けられた人間よりは、よほど愛ある接し方をするのだろう。そして無条件に受け入れられたという安心感から、しだいに心を開いていき、癒されていくのだと思う。

ジャイナ教の尼僧から贈り物をもらい、愛と悟りの本質をかいま見る

さて、いよいよジャイナ教の道場を去るときがきた。帰りのバスに乗り込む直前、ひとりの若い尼僧が近づいてきて、こっそりと白いビーズの数珠をプレゼントしてくれた。

「私だと思って、大切にしてね」

白い僧衣に身を包み、目鼻立ちの整った美しい顔、やさしさと聡明さが融合されたその瞳と目が合ったとき、ハッとするような閃きが飛び込んできた。それは、今までの平面的な思考を超えた、立体的ともいうべき、まったく超越した意識の転換だった。

そうか、そうだったのか！

私の眼には、柔和、優美、愛らしさ、曲線的な美、洗練、受容、生命を育む力……といった、女性のエッセンスが映し出された。

私はこの〝女〟を見て、胸が熱くなった。

女こそ、すべての人が帰りつく魂の故郷ではないのか？

女を求めることは、悟りを求めることではないのか？

この閃きの中では、神が世界を創造したとするキリスト教の説明が、少し不正確なように思われた。私はこう直感したのである。すなわち、
神が世界を創ったのではなく、神が世界になったのだと。

世界とは、姿を変えた神なのだ。世界とは神の化身であり、神そのものなのだ。

つまり、どんなものも神なのである。星も地球も太陽も、水も空気も石ころも、なにもかもが。

すべてがである。われわれは神の中に存在し、われわれ自身が神なのである。

ならば、女も神ではないだろうか？

女を抱くことは、すなわち神を抱くことだといえないだろうか？

そして神を抱くこと、つまり神との合一こそが、宗教の最高境地であり、悟りを開くということにならないだろうか？

こうした直感が、ほんの一瞬の間に、凝縮された形で飛び込んできたのである。

親鸞は、若い頃、女を抱きたくて悶々とし、修行に身が入らなかったという。

ところがあるとき、夢の中に仏が現れて、女性を抱くことは仏を抱くことだというお告げを受けた。これによって親鸞は、高い意識レベルへの突破口を開き、類い希な高僧になった。もしも

彼が、女は汚らわしいなどといって退けていたら、たしかに〝破戒僧〟にはならなかったかもしれないが、凡庸な僧侶に終わっていたに違いない。

親鸞のもつ、人間的なあたたかみと懐の深さ、そして光り輝く高貴な霊性は、すべての事物を無条件に包み込む高い次元の意識によって生じたものなのだと、私は思う。

世界が神の化身であるという観点からすれば、もしも女を抱くことが罪なら、神や仏、光の存在との合一である悟りもまた、罪だということになる。

セックスは罪で汚れているが、神への信仰だけは神聖で清らかだというのであれば、神の中にも罪や汚れがあることになる。

そして、罪であれ何であれ、それによって拒否したり受け入れたりするのであれば、その愛は条件づけられていることになる。だが、条件づけられた愛は、愛ではない。これは愛するが、これは愛さないというのは、愛ではないのだ。そうなると、神は愛ではなくなってしまう。愛でなければ、もはや神ではない。

したがって、もしも本当に神を愛しているという人がいるのなら、その人は女を、すべての人を、すべての存在を愛し、すべてを大切にするはずである。すべてが神だからである。

すべて女の心も、肉体もである。

それは必ずしもセックスの行為を意味しない。ただ、女性の肉体から目を背けたりせず、愛と賛美をもって見つめ、受け入れ、いたわり、大切にするに違いない。

女を精神と肉体に分断し、精神的な愛は清らかだが、肉体的な愛は醜いなどと思っていた私は、まったくナンセンスだった。禅僧の一休が、裸婦の陰部に向かって合掌をしたらしいが、その意味がやっとわかった。神仏を真に愛する人なら、人を愛し、女を愛し、女の肉体も愛するだろう。言い方を換えれば、女も満足に愛せないようでは、神を愛することもできず、悟りを開くこともできないということだ。逆に、神を愛したことのない人には、女のすばらしさを真に理解することもできないのだろう。

悟りではなく女を求めていたのだと考え、情けなく思ったのは、まるで意味がないことだった。女を真に愛することができたら、それは悟りを開いたも同然だとわからなかった。

こうした私の直感内容を、ライヒ派のセラピスト、A・ローエンは、もっとスマートな表現で次のように語っている。(※11)

「人びとは、神への愛はスピリチュアルな愛とみなすものの、女性への愛は肉欲だと考えている。神にむけられる場合、愛の感情は具体的な対象をもたずに抽象化されるが、女性にむけられるときには、直接、対象となる人物に結びつく。抽象化された愛は、肉欲に汚されていないという意味では、純粋な愛といえるだろうが、それは、感情のこもっていない純粋な観念と同様、生にたいして重要なかかわりをもつことができない。神への愛が、異性も含めた他者や、あらゆる生き物にたいする愛のなかに顕れないかぎり、それは真の愛ではない」

★公案「枯れた木」

ある老婆が、ひとりの修行僧を世話して20年がすぎた。

あるとき少女が修行僧に抱きついて誘惑した。

「さあ、私をどうなさいます?」

僧はまったく動揺せずにいった。

「枯れた木が冬の岩に立つように、私の心はまったく熱くならない」

この言葉を少女から聞いた老婆は、激怒していった。

「自分は、こんな俗物を20年も世話していたのか!」

そして僧を追い出し、庵も汚らわしいといって焼いてしまった。

道樹録

生活のために肉体を貸すのであれば、夫婦であっても売春行為である

われわれはしかし、淫らで、どうみても汚らわしく思えるセックスがあることも知っている。それと神への愛が同じだと考えるには、とうてい無理がある。

たしかに、その通りだ。しかし、それはイメージと本質を混同しているからである。われわれ

が醜く思うのは、セックスそのものではなく、セックスに抱くイメージなのだ。

たとえば、ポルノは醜い。なぜなら、ポルノがわれわれに提供するのは、性行為そのものではなく、淫らなイメージだからである。それがポルノの目的なのだ。何らかのイメージを得るために行われるセックスは、すべて醜いのである。SMやその他の変態趣味、援助交際が醜いのも、そのためである。

ポルノとセックスを混同してはならない。つまり、イメージと本質を混同してはならない。最初の性知識の多くがポルノ雑誌などから得ているような場合、そのためにセックスとはポルノなのだと誤解してしまう。われわれはセックスを淫らだと思っているのではないのだ。セックスに付随したイメージを淫らに思っているのである。セックスとイメージを分離できないために、セックスそれ自体が淫らだと勘違いしているのだ。繰り返すが、セックスが淫らなのではない。そのイメージが淫らなのである。

同じことは、教会や宗教儀式についてもいえる。われわれは、立派なステンド・グラスやオルガンがある教会、厳かに行われた宗教儀式などに接すると、それを神聖だと思う。だが、神聖なのは教会でも儀式でもなく、それに付随するイメージにすぎない。よく新興宗教の教祖などが、はたからはこっけいとしか思えない奇抜な格好をし、派手なライトと音楽によって壇上に登場する姿を見かけたりするが、あれはイメージを信者に植え付けているわけだ。すばらしいイメージで、教祖そのものをすばらしく思わせるためである。

だが、悟りを開くには、こうしたイメージと本質との混同をなくさなければならない。イメージと本質とを切り離し、本質だけをありのままに見つめる眼を確立する必要があるのだ。

なぜなら、イメージとは、それが淫らであろうと神聖であろうと、しょせんは蜃気楼のようなものであり、単なる観念であって実体はないからである。つまり存在していないのだ。われわれは、存在しないものを、存在しているかのように錯覚している。だから悟りが開かれないわけである。

同じ理由で、この世界に善も悪もない。

善悪の基準は、人間が作り上げた社会的な規範に基づくからである。だから、善悪は時代や状況によっていくらでも変わる。「人を殺すことは悪だ」というが、戦争になれば善に変わってしまう。殺せば殺すほど英雄として称賛される。また、売春は悪いというが、かつて合法的に認められた地域があったし、たとえ夫婦であっても、生活の扶養を条件に肉体を貸すのだとしたら、それは売春と変わらない。

このように、時と場合によって善悪が入れ替わるのも、相対的な価値観にすぎないからである。つまり、絶対的な善という存在、悪という存在があるわけではないのだ。つまり善も悪もないということである。

ところがわれわれは、これが善でこれが悪だと決めつけるとき、あたかも善や悪という客観的事物が、この世に実在するかのような錯覚（イメージ）を抱いてしまう。

たとえば「あの人は善人だ」といったとき、その人はもう、悪いところなど何もない、善い面だけのように思えてしまう。逆に「悪人」といったときも同じだ。

しかし現実は、どんな人間であれ善い面と悪い面をもっている。その割合には差があるだろうが、善だけの人、悪だけの人はいない。それに、その善悪を判断する基準が、そもそも相対的である。あえてまわりくどい言い方をすれば、「ある状況において、善と判断される行為をする人」ならいるが、「善い人」というのはいないのである。それはイメージの世界にしかいないのだ。

ところが、われわれは、そのイメージの世界に埋没しているから、あたかもこの世の中には、「善人と悪人」がいるように見えてしまう。まるで「善い人種、悪い人種」がいるかのように。他にもまだたくさんいる。偉い人種、卑しい人種、賢い人種、馬鹿な人種、美しい人種、醜い人種、聖なる人種、俗なる人種……である。

こうして、あらゆる人、あらゆる事物を比較・評価し、分類し、レッテルを貼り、バラバラにしてしまう。つまり、分離された意識で人間を、そして世の中を見てしまうのである。善い人か悪い人のどちらかでしか見られなくなってしまうのだ。

だが、それでは光の存在を思い出すことはできない。

なぜなら、光の存在の属性、すなわち愛と英知は、分離ではなく合一だからである。すべてはひとつだという統合的な理解をする英知、一体感である無条件の愛の意識だからだ。

これが世の中の実相なのである。われわれには、イメージによって世の中が分離しているように見えているにすぎない。イメージが完全に消え去ったとき、すべては神の名においてひとつ、一体だったのだとわかる。それが悟りである。

いずれにしろ、こうした統合的な英知、無条件の愛を顕現させるには、まず、あらゆる比較や評価を放棄しなければならない。比較や評価が人をイメージの世界に埋没させ、物事の本質を、この現実を、ありのままに見ることを妨げているからである。

ただし、これは精神的な価値についてだけであり、客観的な物質的レベル、たとえば「新車を買うにはどちらがいいか」といった比較や評価がいけないといっているのではない。

また、「善悪がない」とは、反社会的な行為が許されるという意味でもない。

いずれにしろ、われわれは、あまりにも「これは善、これは悪」といったレッテルを貼ることに慣れてしまったため、「善悪はない」というと、とまどいと抵抗を覚えるかもしれない。

だが、この世は相対の世界であり、善悪などという分離は、本来ないことを理解すれば、自分を縛り付けていた枠組みが取り除かれ、驚くほどの意識変革が生じるであろう。

この世には幸せも不幸もない。ただ幸せな人と不幸な人がいるだけだ

くどいようだが、同じことを「幸福と不幸」という観点から考えてみよう。

幸福も不幸もイメージであり、世の中に幸福があるわけでも、不幸があるわけでもない。つまり、自分は幸福だというイメージを抱く人、不幸だというイメージを抱く人がいるだけにすぎない。幸福あるいは不幸という、絶対的な実在があるわけではないのだ。

たとえばある町に、３ＤＫの一軒家に住んでいる人がいたとしよう。

家の周りはおんぼろアパートばかりである。一軒家の主人は、わが家は天国のようだと幸せに思っている。ところが、しだいにおんぼろアパートは取り壊され、代わりに大豪邸ばかりが建てられてしまった。一軒家の主人は、しだいに不満を覚える。やがてわが家は地獄のようになり、自分は不幸だと思うようになるだろう。

自分の住居そのものは何も変わっていないのに、周囲の状況が変わるだけで、それが天国から地獄になってしまうのである。もしも幸福という絶対的存在があるなら、状況がどうなっても、ずっと幸福であり続けるはずだ。条件によって幸福になったり不幸になったりするのは、それが相対的であり、つまり実在しないイメージだということに他ならない。

ところが、これが幸福でこれが不幸だと決めつけると、あたかも幸福と不幸というモノが実在しているかのように錯覚し、イメージに埋没してしまうのである。そして、人や自分を幸福か不幸かで分断し、どちらかにしか見えず、それを固定化してしまう。

他にも、優劣、強弱、美醜、聖俗などもある。このような比較と評価により、われわれは互いをバラバラに刻みあっているのである。

比較と評価の放棄。悟りを開くとは大きな人間になること

光の存在の属性である統合的な英知と無条件の愛を確立させ、それにより光の存在を思い出して悟りを開くために、日常の生活において、何げなく行っている比較と評価の傾向を放棄していくことが必要である。比較と評価により、われわれはイメージの世界に埋没してしまうからだ。つまり「本質」をありのままに見ることができなくなってしまうのである。本質――この世界は分離ではなく統合されたひとつである、ということを。

たとえば、「これは善い、これは悪い」だとか「これは幸福、これは不幸」だと決めつける自分を発見し、「おやおや、これは違うぞ。すべては相対的なのだ」と考え直すのである。

他にも、次のような比較や評価について考えてみていただきたい。

優劣・真偽・美醜・貴賎・聖俗・若老・富貧・健病・勝敗・喜悲・好嫌・得損・強弱

長短・清濁・盛衰・鋭鈍・速遅・易難・大小・上下・広狭・多少・重軽・硬軟・明暗

温冷・遠近・高低・進退・新古・動静・外内・密疎

最初は、善悪や幸不幸を決めつけることが癖になっているので、なかなかすぐには改められないが、根気よく続けることにより、しだいにこうした比較や評価をしなくなってくる。

それにしたがい、さまざまな変化が自分に生じてくるはずである。

まず、人間が大きくなってくる。いちいち人を分断して差別したり、欠点をチクチク責めたりせずに、おおらかに受け入れる度量の深さが備わってくるからだ。いわゆる「罪を憎んで人を憎まず」といった心境である。その意味では、悟りを開くとは〝大きな人間〟になることだともいえるのかもしれない。

《悟りを開くヒント》

・光の存在の「属性」に接することで悟りが開かれる。
・「自我意識」から「調和意識」への移行が小さな悟りである。
・無条件の愛による一体感が、癒しと悟りをもたらす。
・神が世界を創ったのではなく、神が世界となった。
・異性を抱くことは、すなわち神（仏）を抱くことである。
・善も悪も、幸福も不幸も、この世には存在しない。
・この世界は相対的な世界であると認識して分離を除去すること。
・悟りを開くとは「大きな人間」になること。

第6章　進化の流れにまかせる

宇宙は絶対善・絶対幸福に向かっている。悟りと幸福を得る一番確実な方法とは

この世に善も悪も、幸福も不幸もないとはいえ、宇宙が進化を続けていることは、ほぼ間違いない事実であろう。つまり、どこかへ向かっているのである。しかも進化である以上、少なくとも無秩序ではなく、秩序へと向かっているはずである。

では、宇宙における秩序とは、いったい何なのだろうか？

それは、「絶対善・絶対幸福」であると思われる。

すなわち、前章で考察したような、相対的な価値観、つまり悪を対極とした善、不幸を対極と

した幸福ではなく、絶対的な実在としての善と幸福だ。

この世界は、そんな究極の善と幸福に向かって進化を続けている途上にあるのではないだろうか。いわば世界に化けた神が、その本来の姿に戻っていくプロセスではないのか？

ならば、われわれが経験する善や悪、幸福や不幸といった出来事も、宇宙的な視野から見れば、すべては絶対善、絶対幸福に向かう「プロセス」ではないのだろうか？

たとえば、風邪をひくと熱が出る。熱だけを分離させて考えれば、それは悪であり不幸である。だが、熱が出るのは免疫力を高めて風邪を治す自然治癒力の現れである。

すなわち、全体的な視野に立てば、発熱も健康へのステップなのだ。だから、多少の熱が出てもそれを受け入れ、自然治癒力にまかせていれば、それで健康になっていくわけである。

これと同じように、宇宙的な進化の流れにまかせていれば、それで幸せに導かれ、悟りも開かれるのだとは、考えられないだろうか？　それがもっとも確実な道ではないだろうか？

別の角度からいえば、すべての経験や出来事は、われわれに光の存在を思い出させるために訪れるのではないか、ということでもある。

第6章では、この問題について考察を深めてみることにしたい。

受容と感謝の心をもつことで、病気も運命も癒されていく理由

カリフォルニア州の認識科学協会の副会長B・オーリーガンは、癌などの難病で助からないと思われていた患者が、後に奇跡的な自然回復をみせたケースを収集・調査した。すると、そうした患者たちは、心理的に常人とは違う境地にあったことが判明したという。

彼らは、なにがなんでも病気を治そうと力んだりあせったりしなかったというのだ。病気が奇跡的に治るよう必死の願かけもしていないし、宇宙から癒しの力を引き出そうと、強引にもなっていない。ただ病気の存在を含め、すべてがあるべくしてあるという、受容と感謝の心をもっていただけだという。

これについて、医学博士のラリー・ドッシーは、奇跡とは何かを為すという行為からではなく、ただそこに在るという無意識の深みから起こるとし、次のようにいっている。

「成功の秘訣は、何かをしようと働きかけないこと、自分の知恵で何かをするのではなく、世界の英知にすべてをゆだねることだ」(※12)

ドッシーのいう「世界の英知」が、健康に、幸福に、あるいは悟りにさえ導いてくれるのだとすれば、われわれはただ、それに身をゆだねていればいいということになる。

受容と感謝の心、すなわち「この運命は受け入れるが、この運命は拒否する」といったように

人生を分断せず、自分に起こるすべて、全体のあるがままを、無条件に受け入れる意識、この意識さえあれば、あとは「世界の英知」がうまくやってくれるということだ。

実際、悟りを開いたと思われる過去の高僧などは、こうした生き方に徹底していたようである。たとえば臨済宗の白隠には、次のようなエピソードが伝えられている。

ある娘が子供を産んだのだが、「父親は白隠だ」というので、カンカンに怒った父母が「責任をとってこの赤ん坊を育てろ！」とつきつけた。すると白隠は、ただひとこと、「あっ、そう」といって、赤ん坊を引き取り、その世話を楽しんだという。

民衆は、なんという破廉恥な坊主だといって非難の言葉を浴びせかけた。黙って聞いていた白隠は、最後にひとこと「あっ、そう」といって、後は何もいわなかった。

ところがその後、父親が別の男だとわかると、父母は白隠のもとにかけつけて平謝りし、どうか子供を返してくれないかと頼んだ。すると白隠は、ただひとこと、「あっ、そう」といって、抱いていた赤ん坊を引き渡したという。

一方、良寛なども、泥棒に間違えられて叩きのめされた上、生き埋めにされるところだったが、終始なにもいわず、無抵抗になされるがままだった。また、意地の悪い船頭のいたずらで舟から落とされたときも、波のまにまに身をまかせ、ただ浮いたり沈んだりしていただけだった。あわてた船頭が救い上げると、良寛は、「あなたは命の恩人です」といって手を合わせたという。ある人に書き送った次の言葉は、良寛のそんな生きざまがよく表現されている。

「災難に遭うときは、災難に遭うのがよきこと、死ぬときには、死ぬのがよきことなり」

宇宙の流れに身をまかせる生き方と、シンクロニシティが続くことの意味

今のエピソードには、宇宙的進化の流れに対する絶対的な信頼があるようだ。何が起ころうと、どうなろうと、これは自分にとってもっとも善いことなのだという、揺るぎない確信が感じられるのである。

世界の英知、あるいは、神や仏、道（タオ）、宇宙意識、エマーソンのいう「オーヴァー・ソウル」など、呼び名はどうであれ、こうした流れにより本当に救いに導かれているのだとすれば、たしかに人生で起こるすべてのことは、「これでいい」ということになる。

人知では把握できないだけで、すべてはよい方向へ進むためのステップであり、絶対的な幸福のために起こるべくして起こる、あるべくしてあるということになる。

だとすれば、何があっても「これでいいのだ、これでよくなっていくのだ」と感謝し、楽しければ楽しみ、悲しければ悲しんで、ただじっと耐え、運命から逃げず、決して戦わず、心静かに受け入れ、人生の流れに無抵抗に身をゆだねていれば、それでいいようにも思われる。

こうした、いわば全託の境地を、老子は「無為」と呼び、親鸞は「自然法爾《じねんほうに》」と呼んだ。そん

な境地で生きるとき、本書でいう光の存在が想起され、悟りが開かれるのかもしれない。

だが、ちょっと待っていただきたい。

こうした生き方は、あまりにも消極的で怠惰というか、投げやりではないだろうか？　人生はときに、さまざまな障害や悪と戦う必要もあるのではないだろうか？

たとえば、搾取しか考えない経営者のもとで、労働者たちがこれも運命なのだと無抵抗でいたら、いつまでも劣悪な環境でこき使われているに違いない。組合を結成して戦ってきたからこそ、労働条件が向上したのも事実である。

だから、単純に周囲の状況に無抵抗に服従することが、宇宙進化の流れに身をまかせる生き方だとは思えないのだ。そんな軽薄なものではないはずである。

たとえばこれは、ある宗教団体の説明会にでかけた女性のケースだが、入会するかどうか迷いながら帰宅すると、たまたまポストにその教団のチラシが入っていたという。彼女はこのシンクロニシティ（意味ある偶然の一致）を、宇宙の流れの導きだと信じ、入会せよとのお告げだと解釈したのだが、結果は、莫大なお布施をだまし取られただけだった。

ニュー・エイジ系精神世界の信奉者は、シンクロニシティが生じるのは宇宙の流れに乗っている証拠だから、そんなときに舞い込んだ機会は、すべてよい結果を生むと思っているようだ。しかし、そうとは限らないわけである。そんな発想で転職したらとんでもない会社だったとか、悪徳商法にだまされたという話は数多くある。

もちろん、人生にリズムがあるのは確かで、いいことも悪いことも連続して起きたりする。その波に乗って大きなチャンスをつかむこともあるだろう。しかしだからといって、シンクロニシティが常に当てになるわけではないし、いわんや、そうした外的な偶然性や事情に左右され、うまく立ち回ることが「宇宙の流れに乗る」という意味ではないだろう。

先に紹介した白隠にしても、生悟りに堕している当時の禅に対して、徹底的に己の信念を貫き通したからこそ、禅の改革に成功したわけだし、良寛にしても、その根底には厳しい生きざまが貫かれていたのである。

ちょっと障害が起きると「やってはいけないのだ」とか、ちょっと幸運が舞い込めば「やるべきなのだ」などと、いちいち外的な出来事を気にしながら、ふらふらと生きざまを変えるような軽薄さは、彼らにはなかったのだ。ある意味で、頑固なまでに自分の生きざまを貫き通していたのである。

宇宙進化の流れに無抵抗に身をまかすとは、その場の状況や運命に左右されたり、「長いものには巻かれろ」といった諦めの態度ではないのだ。「戦わない」ということも、不正な行為やひどい待遇を黙認したり我慢しろという意味ではないのである。

ならば、いったいどういう意味なのだろうか？

何があっても「これでいいのだ」と感謝し、いかなる運命も受け入れ、決して戦わない生き方、それを「自然法爾」というのなら、具体的にどのような生き方をいうのだろう？

私は戦うことで成功も幸福も、悟りも手に入ると堅く信じていたので、自然法爾の考え方など、まったく理解できなかった。どんなことも、自力によってのみ達成できると思い込んでいた。

そんな中で巡り会ったのが、前章で紹介したヨーガ道場であり、これから紹介するオウム真理教の前身「オウム神仙の会」だったわけだ。それはまさに戦いだったのである。

だが、このときの経験から、戦うことの無意味さを学んだのである。

オウム真理教の道場で何が行われたか？麻原教祖に自分の使命を尋ねた結果は？

前章で紹介したヨーガ道場の修行に励んでいる時期、私は麻原教祖の書いた本と出会い、巻末に載っていた連絡先に電話をかけて案内書を取り寄せ、入会の手続きをした。

やがて、会員証（麻原が空中浮揚している写真が裏に貼ってある）、ワープロで打ってコピーしただけの会報、ヨーガ体操と呼吸法について麻原の解説が収録されたカセット・テープなどが、ファイルに綴じられて送られてきた。入会金は、たしか1万数千円、会費は毎月2千円だったと思う。

麻原教祖との出会いは、たしか夏に、丹沢で行われた3日間の合宿セミナーに参加したときだった。大きなペンションを借りて、会員は30人から40人くらい集まっていただろうか。

最初に彼の姿を見たとき、非常に暗い情念を内に秘めているような雰囲気が感じられた。とにかく、あまりいい印象を感じなかったのを覚えている。

ところがそんな思いも、彼が説法をするや否や、吹き飛んでしまった。

麻原の説法は、宗教家がよく話すような、心情に訴えかける道徳的な内容ではなく、あたかも科学者が、自らの専門分野を解説するような、理知的な内容が特徴だった。

解脱の理論や実践について、論理的で緻密、説得力のある説明をするのである。展開も明快かつ理路整然としており、いかなる質問をしても、ほぼ瞬時にして的確な（と思われる）回答が返ってくるのだ。しかも、揺るぎない自信が伴っているのである。

自分は人類を救済する使命をもって生まれてきたのだと、堂々と宣言し、どのような世界を望んでいるのかと尋ねられると、こう答えていた。

「そうだね。だれもが、お互いに信頼し合える世界にしたいと思っているよ」

私は、心の奥に引っ掛かるものを感じながらも、しだいに、これは本物のグルに違いないと思い始めていた。この人のもとで修行すれば、本当に解脱できるかもしれないと、大きな期待をもつようになったのである。

合宿の内容は、夜通しかけての呼吸法や瞑想法が中心で、基本的にはクンダリニー・ヨーガの技法だった。

クンダリニー・ヨーガは、尾てい骨に眠るといわれる霊的エネルギーを目覚めさせ、スシュムナーと呼ばれる霊的な背骨を上昇させてチャクラを開いていき、最終的に解脱を果たすという密教的なヨーガの一部門である。適切に行じていけば、非常に早い期間で解脱と悟りが得られるが、それだけに大きな危険が伴い、途中で頭がおかしくなったり、肉体に重大な障害を負ったり、廃人になってしまうこともある。

たとえばゴーピ・クリシュナというヨーガ行者は、心身の浄化が十分でないのにクンダリニーを覚醒させたため、長い年月にわたり健康を害して苦しみ抜き、ついには絶望して自殺を試みた瞬間に解脱を果たしたと、自著で語っている。

このように、クンダリニーの覚醒は危険と紙一重なので、すぐれたグルの指導が不可欠であるといわれる。もちろん、オウムの会員たちは、そんな危険は百も承知であり、だからこそすぐれたグルを求めて集まってきたわけである。

われわれは、クンダリニーを覚醒させるといわれるいくつかの呼吸法を教えられ、連続して夜中じゅう練習に励んだ。ふいごのようにスースーと鼻から激しく息を出す呼吸法や、息を吸ってしばらく止めるもの、また止めた状態でお尻を浮かし、床に尾てい骨をドンドンと打ち付ける呼吸法などが教えられた。この最中、座ったまま痙攣《けいれん》を起こすようにピョンピョン飛び上がるような人が何人かいた。

そしてすべてが終了すると瞑想に移るのだが、その頃には明け方近くになっている。

とにかく、なかなかハードな修行内容で、なんとしても解脱したいという強い願望と意志がないと、とてもついていけないものだった。

日中は入浴したり、昼寝をしたり、本を読んで過ごしたように思う。食事には、野菜などを薄く味付けして煮てあるだけの「オウム食」が出た。他には豆乳や果物が出た。

また、麻原の直弟子になるためには、五体投地を10万回やらなければならなかった。そこで昼となく夜となく、せっせとやっている人（ほとんどが若者）を何人も見かけた。

五体投地とは、チベットなどで行われている聖者礼拝の仕方で、うつ伏せになって体を地面に投げ出し、礼拝するというものである。1回やるだけでもけっこう疲れる。これを10万回というのだから、並たいていのことではない。やっていると手の平の皮が剝《む》けてしまうらしく、どの人も軍手をつけてやっていた。

一方、教祖自らの霊的エネルギーを注入するという、「シャクティ・パット」を受けた。

これは、仰向けに寝て、教祖が枕元に座り、塩と炭を混ぜたペーストを額（アジナー・チャクラあるいは第三の眼があるといわれる場所）に塗り、教祖がその部分を親指でグリグリこするというものである。時間はだいたい10分くらいで、当時は1回2万円だった。終わった後は、その部分の皮が剝けてヒリヒリした。こうして教祖のエネルギー（シャクティ）を受けた人は、光を見たり、神秘体験をしたり、修行が進むといわれていた。だが、私はまぶたの裏に光のようなものを見た気がした程度で、特に注目すべき変化はなかった。

シャクティ・パットの後で「何か質問はありませんか？」と聞かれたので、この世での私の使命は何なのかと尋ねた。

すると麻原は眼を閉じ、何か直感を得ているようなしぐさをしてから、神秘思想でいわれる、ある霊的ステージについての解説をした。これは専門的になるので略すが、要するに、

「君がその境地に達すれば、自然にわかることだから、それまでは私の口からいわない方がいいだろう。いってしまうと、君は自惚《うぬぼ》れて道を踏み外してしまうだろうから」

という返事だった。

また、修行を進めるための、個人別のマントラを教えてもらった。私の場合、霊的エネルギーが喉のところで遮断されているらしく、それを貫通させるためのマントラだといわれた。

1回目の合宿セミナーはこれで終わった。説法によれば、彼はこれからインドへ行き、そこに住む〝パイロット・ババ〟と呼ばれる聖者のもとで修行し、いよいよ最終解脱をすることになっていた。

オウム幹部から出家を誘われる。霊能者が透視した麻原教祖の正体

まもなく会報がきて、麻原はヒマラヤへ行き、聖者のもとで瞑想して、ついに最終解脱を果たしたと伝えてきた。

ついに釈迦と同じ境地に達した偉大なるグルが誕生したのだ。私は非常な興味を持って、次のセミナーの開催を待った。それこそ、まばゆいオーラが全身から放たれていて、直視できないかもしれないなどと、そんなふうに思ったりした。

また、そのときに、彼を指導したパイロット・ババを連れてきて、「水中クンバカ」を実演するという。これは、水中にもぐって長い間（10分以上）息を止めるというもので、ヨーガによって肉体を鍛えると、新陳代謝を極限まで低く抑えることができ、わずかな酸素でも生命活動が維持できることを示す、いわばデモンストレーションである。

さて、いよいよ問題のセミナーがやってきた。場所は同じ丹沢である。参加者は少し増えたように思う。そして麻原と、顔面が髭でおおわれたインド人が姿を現した。

ところが、私の印象では、麻原は何の変わりもないように思われた。説教を聞いても、特に印象に残るものもなく、しかも最終解脱という、修行者として最大の出来事であるはずの体験についても、私の記憶する限り、まったく紹介されなかった。

また、水中クンバカも、急に中止となった。パイロット・ババが突然やらないといったからだそうだ。すると、それまでは偉大な聖者として讃えていたのに、いきなりニセモノ呼ばわりし、「麻原尊師は、前からおかしいと気づいていたのです」などと、後に発行された会報に書かれてあった。

今回のセミナーも、修行内容はほぼ前回と同じだった。やはり夜中じゅう、呼吸法や瞑想を行った。どの会員も悟りや解脱を求め、熱心に修行に打ち込んでいた。もちろん私も、睡魔や疲労と戦いながらがんばり続けた。まさに私たちは、戦っていたのである。

ときおり、インドのグルの説法が入ったが、そのとき、途中から通訳として活躍したのが、後に外報部長としてマスコミに登場し、ファン・クラブまでできたという、入信したてのJだった。当時、見た限りでは、おとなしくナイーブな青年といった感じで、後にあれほどの饒舌《じょうぜつ》ぶりを発揮するとは、まるで想像もつかなかった。

この頃から、出家という制度が誕生し始めた。出家の際には、自分の全財産を教団に布施し、修行中に死んでもかまわないという誓約書を書く必要があった。私も幹部から出家を勧められたが、そこまで思い切るには、いまひとつ、躊躇《ちゅうちょ》するものが感じられたので、もう少し考えてみると返事をしておいた。

すると、「今のチャンスを逃すと、尊師の側近の弟子にはなれないぞ」といわれた。そういわれると、なんとなく惜しい気もした。

入会者は急速に増えているようだし、どうせ弟子となるからには、側近の方がいい。それだけ指導を受けられる機会もあるだろうし、しかも、教団内部で有利なポジション、つまり側近ということで崇められるのではないかという打算も、心のどこかにあったように思う。かなり心が揺れ動いたが、それでもやはり、もう少し様子を見ることにした。

結果的には、それで正解だったわけであるが、そのときは、世俗への執着が捨て切れない自分が恥ずかしく、求道への甘さに情けない思いがした。出家した仲間を見ると、羨ましくもあり妬ましくもあった。仏陀もキリストも、すべてを投げうって自分についてこいといっている。それができる弟子こそがエリートである。だが、私にはできない。そのため、落ちこぼれたような気持ちになった。

とにかく、こんなことをしているうちに、2回目の合宿セミナーも終わった。

帰宅したその日の夜のこと、参加者のひとりから電話があった。

あれほど一緒に熱心に修行していたのに、突然、自分は脱会するというのだ。理由を尋ねると、彼の姉が強い霊感の持ち主で、教祖を透視したところ、

「深い業（カルマ）をもっている人間だから、早くやめた方がいい」

という忠告を受けたからだという。それを私に伝えるために電話をしてくれたのだった。そして私も早くやめた方がいいよと勧めてくれた。

たしかに、第一印象のこともあったので気にはなったが、もしもそれが事実なら、すぐにはっきりするだろうと考え、とりあえず忠告はありがたく受け止めたものの、まだ脱会しようとは思わなかった。

だが、それからすぐに、第1章で紹介したオウムとのトラブルが生じ、どのみち脱会することになったわけである。その後まもなく、「オウム神仙の会」は、宗教法人「オウム真理教」になり、みるみる拡大し、やがてあのような悲惨な事件を起こすに至ったのであった。

オウム信者が非道な行為に走った本当の理由。教団内部における「出世」のための戦い」

オウム教団でこうした修行をしても、私自身、何の精神的な進歩も見られなかった。何かが違う、何かが間違っているという思いが、終始頭から離れることがなかった。

オウム信者たちは、少なくとも表面的には、覚者（悟りを開いた人）になろうと必死に努力していた。ハードな修行に打ち込む熱意とひたむきさには、ある種の悲壮感さえ感じられたほどだ。

われわれは本当によく戦っていたのである。

けれども、そこには〝別の戦い〟もあることが、しだいにわかってきたのだ。

それは、「人に認められたい、人の上に立ちたい」という戦いである。具体的には「位の高い弟子になる」という戦いだ。

当時はまだ、後に見られた細かいランクづけはなかったが、それでもグル麻原から認められ、教団内部において一目置かれるポジションに身を置きたいという、そんな願望というか、野望が、修行の動機としてあったように思われたのである。

もちろん、すべての信者がそうだったというつもりはないし、露骨に剥き出しにしていたわけでもない。彼ら自身、気づいていなかったかもしれない。ただ、話をしていると、競争心や嫉妬、演技がかった教祖への称賛や信の表明などが見え隠れし、私にはそれが、位の高い弟子をめざすという野心の現れのように感じられたのだ。

この観察が正しかったかどうか、それはわからない。自分を投影したにすぎないのかもしれない。しかし、後にオウム信者が手を染めた犯罪の重大性や危険性を考えると、単純にグルの命令だから逆らえなかったというだけでは、どうしても納得がいかないのだ。

たとえば、企業の中には「汚れ役」なる社員がいると聞く。会社の不正な業務、政治家や総会屋との取引などを、あたかも個人の判断でやったかのようにごまかすためである。万が一不正が発覚しても、会社には法的責任が及ばず、その社員がすべての罪をかぶって事なきを得ることができる。

そのために、企業は学歴の低い人間を選ぶ。他の社員はどれも一流大学出身なのに、その社員は二流か三流、あるいは高卒である。または、過去に失敗をして左遷させられた社員に眼をつける。そしてこういわれるのだ。

「君のような学歴の低い人間がこの会社で出世するためには、この仕事しかないんだよ。いやなら他の人にまわしてもいいいんだけどね」

人情として、そそられる話ではある。だが、あまりにもリスクが大きすぎる。それをあえて引き受けるには、それなりの強い野望がなければ無理であろう。そして野望という点では、ビジネスであろうと宗教であろうと、何も変わらない。自ら汚れ役を買って出ることで、オウム信者はグルに対してこう訴えていたのではないか？

「命令とあれば、こんな不正なこともできるのです。それだけあなた（グル）への信頼が厚いのです。そんな私を認めてください」

その結果として、弁護士の殺害、サリン事件が起きたのではなかったのか？

もちろん、真相はわからない。いずれにしろ戦う人生には、愛もなければ悟りもない。世俗であれ宗教であれ、何かと戦う限り、愛は排除され、ありのままの認識は妨げられる。なぜならありのままとは全体すべてであり、愛とは、全体すべてとの和合だからである。戦いとは全体を破壊し、分断させる行為に他ならない。分断がある限り、そこに悟りはない。

余命いくばくもない大会社の社長が病床で語った言葉を、あるセラピストが紹介している。

「私はこれまで花など見たことがなかったし、太陽の輝きも、野原も見たことがなかった。私は、自分が成功した人間であることを父に証明しようとする努力のために、自分の一生を費やしてきた。私の人生のなかには愛のしめる位置がなかった」（※11）

悟ろうとする限り悟れない。修行は悟りの妨げである

「修行」という戦いをしている間、私は気の休まるときがなかった。しかも、覚者になれそうな

気配など微塵も感じられなかった。意識は内面よりも外に向けられ、他の信者はどんな修行をし、どこまでステージを高めたのか、といったことばかりが気になった。

もしも、私がオウムとの間でトラブルが生じていなかったら、また、それをきっかけに悟りをかいま見ることがなかったら、私は今なお「負け戦《いくさ》」を続けていたに違いない。冒頭で紹介したあの悟り体験が、戦いの全面放棄によってもたらされたと気づくまでは。

結果論かもしれないが、私はこの気づきを得るためにオウムに入会し、トラブルに遭遇したようにも思われる。すべてがこのために計画されたシナリオだったのかもしれない。一時は人生の挫折だと思い、辛く感じたけれども、私には挫折が必要だったのだ。挫折を通して「戦うことのあやまち」に気づくよう、計画されていたからであろう。そして私は挫折した。つまり〝計画は成功した〟のである。

覚者になろうとする戦いが不毛なのは、そもそも覚者とは〝なる〟ものではないからである。医者やスポーツ選手になりたいのであれば、なることをめざして努力すればいい。それらは基本的に、今の自分にはない知識や技能の習得によって〝なる〟ものだからである。それはまた、他者との競争であり、ある意味では戦いともいえるだろう。

だが、覚者になることは、医者やスポーツ選手になることとは、まるで違うのだ。

覚者とは「目覚めた人」という意味であり、何に目覚めたのかといえば、自分の仏性、本書でいう光の存在だからである。

つまり、覚者になるとは、仏性（光の存在）を想起することであって、自分以外の、何かスーパーマンのような存在になることではないのだ。もともと自分に備わっている仏性に目覚めるだけなのである。それが覚者なのだ。なる必要はどこにもない。すでに仏だからである。

要するに、自分自身であることが、悟りであり、覚者ということなのだ。

ところが、悟りをめざし、覚者になることをめざしている人は、自分自身であることができない。悟っていない自分など嫌いで、認めたくないのだ。自分は悟りを開いた偉大な存在でなければ不満なのである。したがって、悟りを開きたいと思ったときから、「悟りを開いていない自分」は、否定と排除の対象になってしまう。つまり「敵」になってしまうのである。存在を認めない否定と排除の対象、それが敵だからだ。

こうして、覚者になろうと修行に励む人は、自分自身を敵にして戦いにあけくれ、ありのままの自分から眼を背け、虚構の自己イメージばかりを追い求めるようになる。本当に悟るよりも、悟ったように見せかけることが重要になり、ついには誇大妄想になってしまうのだ。

これが、麻原とオウム教団が犯した最大のあやまちなのである。

けれども、敵にまわした自分自身こそが、他ならぬ覚者であり、光の存在なのである。それに気づかず、覚者を敵にし、覚者を否定し、覚者を排除し、覚者に戦いを挑むことになるのだ。これでは悟りなど開かれるはずがない。いくら修行に励んでも、修行そのものが、悟りの障害になっているのだから。

「念仏禅」を説いた親鸞の真意。悟りは座禅ではなく心で開かれる

以上の理由から、決して戦わないこと、否定と排除の対象である「敵」をもたないことが、宇宙進化の流れに「無抵抗に身をゆだねる」という意味であるように思われる。

労働者と経営者は、しばしば希望が折り合わず、戦っているように見えることがある。だが、そこに「否定と排除」の意図さえなければ、それは戦いではない。

どんなに仲のいい友達同士でも、意見が合わずに喧嘩をすることもある。だが、そこに友情がある限り、決して戦いにはならない。相手の意見は否定したり排除することはあっても、相手の存在を否定したり排除したりはしないからだ。

しかし友情がなければ、つまり愛がなければ、それは戦いになり、相手の存在を否定し、排除するようになる。悪口や中傷、暴力、あるいは絶交という行為がそうだ。

悟りを開く鍵は、人生で何が生じようと、決して戦わないこと、つまり敵を想定しないことにあるようだ。それが何であれ、戦う限り物事はうまくいかない。

もしも「悟りを開こう、救われよう」とするなら、悟っていない自分、救われない自分は、たちまち否定と排除の対象となり、そこに戦いが始まることになる。悟りと救いを手に入れるため

に「取引」に打って出るようになり、「修行という労働を提供する条件に悟らせてください」、「念仏を唱える条件として救ってください」となってしまうのだ。

しかしこれでは、あきらかに宇宙進化の流れに身をまかせる生き方、自然法爾ではない。

親鸞の師である法然は、「南無阿弥陀仏」を唱えれば救われると説いた。けれどもこれは、交換条件である。「念仏を唱える報酬として救ってください」という、仏との取引なのだ。

だが、仏は取引などしない。仏様なら、念仏を唱えようが唱えまいが、善人であろうが悪人であろうが、仏教徒であろうがクリスチャンであろうが、差別なく救いの手を差し伸べるはずである。それは無条件のはずである。

そこで親鸞は、念仏を救いの条件とはせず、阿弥陀仏との取引を解消したのである。念仏など唱えなくても救われると説いたのだ。ただ、救われを自覚して安心を得ること、仏様にすべてをおまかせし、あるがままに生きること、つまり自然法爾の生き方に人を導くために、念仏を勧めたにすぎない。親鸞により民衆は、「救われるための戦い」から解放されたのである。

私は先に、仏陀（覚者）になるのは大学生になるのと同じで、それには修行という勉強が必要であり、念仏など唱えてもダメだと思っていたことを述べた。

だが、それは間違いだった。真実は、われわれはすでに大学生、つまり仏だったのである。勉強なんかする必要はないのだ。ただ「自分は仏である」と念じ、それを思い出せばいいのだ。それが「念仏」の真意であると私は思う。

その点で親鸞の教えは、禅の発想に近いように思われる。法然の念仏は、どちらかといえば真言宗のマントラに近いが、親鸞の念仏は、「念仏禅」ともいうべきものだと私は考えている。なぜなら、禅がめざすのは無条件の境地だからである。

とはいえ、禅というと、一般には長時間の座禅や読経、托鉢や作務（労働）という、厳しい自力的な修行を連想する。とても人生をあるがままに、無抵抗に生きる自然法爾の生き方を説いているとは思われない。

ところが、道元によって日本に伝わる前の、中国のオリジナルな禅は、むしろ親鸞の自然法爾に近いようなのだ。

中国禅を確立した慧能《えのう》は、もともとは僧ではなく、ただの貧しい無学な農民にすぎなかった。ところが街角を歩いていると、家の中から読経の声が聞こえてきた。それを耳にしたとたん、突如として悟ってしまったというのだ。師匠にもつかず、座禅もせず、勉強もせずに、悟りを開いたのである。

奇妙なことに、彼は悟ってから寺に入り、雑用係などをしていたのだが、たちまち頭角を現し、他の高弟たちをけちらして、ついには師匠から後継者に任命されることになる。

そんな慧能が、厳しい戒律や座禅に縛られている禅を「病気」だといっているのだ。

「長時間座禅をして、心をひとつのことに集中させるなどというのは、禅病であって本物の禅ではない。ひとつのことに集中しようとすることは執着なのだ。心は動くようにできている。ひとつのことに執着しないからこそ、自由な境地でいられるのだ」

では、何によって悟りを開くのか、慧能は次のようにいっている。

「座禅ではなく、心によって悟りを開くのである。だから、迷う心に悟りなど開けるはずがない。まして、座禅が禅の目的などではないのだ」

われわれは、迷うからこそ悟りを開きたいと思う。そのために座禅をするのだと思う。

しかし、慧能はいうのだ。迷うから悟りが開けないのだと。座禅では、悟りなど開けないのだと。座禅ではなく心によって悟りを開くのだというのである。つまり迷わない心である。

だが「迷わない心」とは、すでに悟っているということである。こうなると、どうどう巡りである。迷わない心で悟るというが、迷わない心は、悟らなければ得られない。

要するに慧能は、「悟りを開くための方法はない」といっているのだ。

ならば、いったいどうすればいいのか？

どうしようもない。方法がないからである。方法がない以上、いかなる自力的な努力の余地はないということになる。悟りを開くために、われわれには何もできないということなのだ。

ただ、流れに身をまかせるしかない。こうなってしまうのだ。

つまり、自然法爾しかないということである。

★公案「瓦を磨く」

馬祖道一《ばそどういつ》は毎日座禅ばかりしていた。

そこへ師匠である南嶽懐譲《なんがくえじょう》がきていった。

「何のために座禅をしているのだ」

「仏になるためです」

すると南嶽は、落ちていた瓦を拾って磨き始めた。

「師よ、何をなさっているのですか？」

「瓦を磨いて、鏡にしようとしておる」

「瓦を磨いても、鏡になるわけないではありませんか」

「ならば聞くが、座禅をして仏になるのか？」

「同じことなのですか？」

「牛車が動かなくなったとき、おまえは牛を打つのか、車を打つのか」

宗門葛藤集

悟るためのいかなる方法もない。ならば〝どうすれば〟いいのか？

ところが、こういう書き方をすると、

「では、悟りを開くために、自然法爾の生き方をしよう」と思ってしまう。もちろん、この言葉がナンセンスなことはいうまでもない。

自然法爾とは、悟りを開こうなどとも思わず、いっさいの戦いも、取引もない無条件の生き方であり、ただあるがままに、流れに身をゆだねる生き方だからである。自然法爾を悟りへの手段や方法ととらえた瞬間、それは自然法爾ではなくなってしまうのだ。

「では、どうすればいいのか？」

この「どうすればいいのか」という質問そのものが、すでに悟りを求め、方法を求めていることを意味している。あくまでも方法や取引にこだわっているのだ。

われわれの頭は、何かを為すためには方法が必要で、その方法にしたがって努力を積む必要があるという、頑固な枠組みに縛られているのだ。方法という発想から抜け出せないのである。どうしても何かに〝なろう〟としてしまうのだ。

そうなってしまったのも、生まれてから今日まで、常に〝なる〟ことを強要されてきたからであろう。「何かにならねばならない」と、脳髄に染み付いてしまったのだ。

「よい子になりなさい、賢くなりなさい、エリートになりなさい、偉くなりなさい」

そうすれば、愛を与えましょう、称賛を与えましょう、名声やお金を与えましょうといった具合である。そうして、この世のすべては、たとえ愛でさえも、〝なること〟によってしか得られないのだと、意識に刷り込まれてしまったのである。

だから、常に問わずにはいられないのだ。

「どうすれば、どのように、どうやったら……」

すべては取引であり、交換条件であり、方法である。それ以外にはないと思っている。それ以外の発想など、できない頭にさせられてしまったのだ。

けれども悟りの境地は、「どうすれば」という枠組みを超えたところにある。それがつまりは自然法爾なのである。

だが、それはわかっているのだが、性懲りもなく同じ質問を繰り返してしまうのだ。

「どうすれば？　という発想を越えるには、どうすればいいのか？」

この問いに真っ正面から答える限り、「どうすれば？」という問いがやむことはないだろう。まったく別の視点からアプローチする必要があるに違いない。そのために、まずは次にあげる私の経験を紹介してみたい。

苛酷な現実から身を守るために、精神はどのような手段をとるか

私の本を読んで手紙をくれた、当時23歳だったH君は、精神科に通院しながら渋谷の狭いアパートで、生活保護を受けながら一人暮らしをしていた。以前は入院していたのだが、症状が軽

くなったので通院になったという。

私が会った限りでは、彼が統合失調症だとは信じられなかった。人の立場を思いやる非常に繊細な神経、まじめな勉学心、鋭い理解力があった。その彼が、以前は意味不明のことを口走り、著名な女性のヨーガ指導者に結婚を迫って破門されたことがあるなどとは、想像さえつかなかった。現在の悩みは不眠症ということで、統合失調症の薬の他に睡眠薬を飲んでいた。妹がひとりいたが、彼女は海外に留学中だった。

H君の両親は離婚しており、父親の消息はわからなかった。そのため母親が世話をしていたのだが、世話といっても1カ月に一度だけ外で会って、ぎりぎりの生活費を渡すだけであった。しかも母親は、自分の居場所と連絡先を彼に教えていないのである。理由は定かではないが、H君の断片的な話から推測すると、母親は息子が精神病であることを、だれかに知られるのを恐れているように思われた。また、精神病の息子を生理的に嫌悪しているようにも感じられた。

そのため、H君の方から母親に連絡を取ることはできず、会いたいと思っても、彼には待つことしかできなかったのだ。しかも、母親は金を渡すとすぐに姿を消してしまうのである。

私は、彼の置かれた孤独に、背筋が凍るような思いがした。

病院には何人かの友人もいたようだったが、あとは帰るべき家庭もなく、狭くて暗い部屋で、独りカレー・ライスばかりを食べているのかと思うと、絶望的な気持ちになった。

人間というものは、たとえいかに貧困であっても、苦しい試練に立たされても、家族や友人の励ましや支えがあれば、なんとか乗り越えていけるものである。私はそう信じている。

けれども、それがなかったら、人間的な触れ合いと支えがなかったら、とても耐えてはいけない。苦しみは何倍もの重圧となり、人を押し潰してしまう。例外的にほんのわずかな、奇特な人だけが、信仰などによって自らを支えることができるだけであろう。

そんなH君にとって、統合失調症は、人格破壊という最悪の事態を避けるための、ある意味では恩恵だったのかもしれない。意識を分裂させ、苛酷な現実を遮断することで、どうにか人間らしいあり方を保っていられたのかもしれない。

一方、自殺未遂の経験があるということなので、私にはそれが気がかりだった。

そのため、自殺はよくないことだ、自殺をしてもまた生まれ変わって、同じところからやり直しをするだけだといった、当時スピリチュアルな知識から得た話をそのまま受け売りして説明した。生きてさえいれば、きっといつかは病院の世話にならず、仕事を見つけて自立できるかもしれないという期待をもっていた。

そういうわけで、H君とは、よく電話で話をしたり、ときどき会ったりした。自宅に招いて妻の手料理をご馳走したこともあった。驚いたことに、ワインを飲むのは初めてだという。すべてに正直な彼のことだから、本当なのだと思う。23歳になるまでワインを飲んだことがない人など、日本の社会にいることが不思議だった。

いずれにしろ、木訥《ぼくとつ》と話し、人を思いやるやさしい彼を、私も妻も好きだった。おみやげにバナナを買ってあげると、それをリュックに入れ、丁寧にお辞儀をして帰っていった後ろ姿が、今なお脳裏に焼き付いている。

　私は、薬づけになっている状態はよくないと思い、ほんの少しずつでいいから、飲んでいる薬を減らしていけないかと尋ねた。彼は、薬を飲んでいないと生活保護が打ち切りになってしまうという理由で躊躇していたが、それでもこっそりと、薬を減らすように努力していたようだった。そのせいかどうか、とろんとしていた目付きが消え、これといって問題もなく、しだいに普通の青年と変わらないようになっていった。

　そこで次に、いつも家にばかりいるのではなく、社会復帰のリハビリの意味で、簡単なアルバイトなどをしたらどうかと勧めてみた。けれども彼は、いつ具合が悪くなって辞めてしまうかわからずに不安だといって、なかなか決心できずにいた。

　そこで、いつ辞めてもいいような仕事がないかどうか、私がいつもお世話になっている出版社の編集長に事情を説明して相談したところ、親切にも雑用程度の仕事をやらせてもらえることになった。

　ところがH君は、最初はやるといっていたのに、急にできないと断わってきたのである。彼のそんな優柔不断さに、少しいらついたときもあった。しかし彼の立場になってみれば、やはり不安で仕方がなかったのだと思う。それをもっと理解してあげるべきだったと思う。

　その後、また薬の量が増えたりしたようで、病状はよくなったり悪くなったりを繰り返していようだったが、それでも全体としては安定しているように思われた。

H君とは、ときどき電話を通して連絡を取り合っていたが、あるとき電話代を払うお金がないから電話がなくなると告げてきた。コミュニケーションの道が断たれるのは不安だったので、電話代は払ってあげるから連絡が取れるようにして欲しいと頼んだが、H君は遠慮して、ときどき公衆電話からかけるから大丈夫だといった。なので、私も彼の言葉にしたがうことにした。

H君はその言葉通り、ときどき連絡をくれた。しだいに、その間隔は延びていったが、電話をくれたときはいつも元気な様子だったので、私は問題なく過ごしているだろうと思い、特に気をとめることもなく、そのまま時間がすぎていった。

そして、最後の電話から、3カ月ほど過ぎた頃だったと思う。早朝に、電話のベルが鳴った。声の主は、H君の妹だと告げた。そして泣きながら、H君が死んだといった。

ビルの屋上から飛び降りたのだという。その後、アパートから手帳が見つかり、私の連絡先が書いてあったので、きっとお世話になった人ではないかと思って電話をくれたのだと。

受話器を置いた後、なんともいえない、空しい気持ちが胸中に溢れた。人生と命のはかなさをしみじみ感じ、無力感に襲われ、しばらく落ちこむ日々を送ることになった。

結局、20年ちょっとの彼の人生は、病気と孤独と貧しさだけだったというのか？

だれも他者の人生を評価する資格はないだろう。しかしそれでもあえていうならば、私はH君の人生が幸せなものであったとは思えない。なぜ神は、H君のような好青年を救うことをしなかったのか？　善き人を苦しみから救うのが神の務めであろう。さもなければ、神なんて、いったい何のためにいるのだ？　それとも、神など、もともといないのだろうか？

世界や人生の本質が、いかに無常で不条理であるかを、身に染みて感じた。私が何よりも後悔したのは、「死んだら生まれ変わって最初からやり直し」だとか「自殺した魂は霊界で苦しむ」といった、巷でいわれているスピリチュアルな知識を安易に彼に説いて聞かせたことであった。たとえ、自殺を思い止めてもらいたいという動機から発せられたにしても、それはH君にとってみれば、さらなる絶望に追い詰めるようなものだったのだ。彼はもう限界まで苦しんでいたのだ。これ以上は耐えられないところまで。生きられるものなら、生きたかったに違いない。好きで自殺したわけではないのだ。苦しくて仕方がなかったのだ。楽になりたかっただけなのだ。死ぬことより他に、苦しみから逃れる道がなくなった人間にとって、死は唯一にして最後の希望となるのだと思う。

しかし、私は、死が苦しみからの解放であることを否定し、彼を徹底的な絶望に追いやってしまったのだ。極限状況といわれるが、その定義があるとすれば、生きるより死んだ方がずっと幸せだと思える状況だろう。どう考えても、死を選択するより他に道がないところまで追い込まれた状況なのだ。

H君は、極限状況で苦しんでいたのだ。そんな人に、軽々しく「死んではダメだ」などと口にできるだろうか？　もしそういうならば、確かな希望や、心底から納得できる生きる理由を教えてあげなければならないのではないか？

「死んでも苦しみが消えないと思うと、辛いです……」

こうつぶやいたＨ君の気持ちが、今になって、ようやく理解することができた。

こんなふうに思い悩んでいると、ふと私の脳裏に、次のひとことが浮かんだ。

「これが人生なのだ……」

私は、真実の何たるかを知ったと思った。

それは、「死ぬ人は死ぬ」、これである。

いくら神に祈っても、死ぬ人は死ぬ。これが真実である。違うだろうか？

祈れば救われるのなら、ユダヤ人の虐殺、原爆投下、戦争、大震災などで、どうしてあれほどの人が死んだのか？　だれひとりとして神に祈っていなかったというのか？

祈って助かったという人は、どのみち助かるようになっていたのだ。たまたま祈ったので、祈りが叶えられたように思っただけなのだろう。第一、神は、祈らなければ助けてくれないのだろうか？　神とは、その程度の存在なのか？

決してそうではないだろう。イエスも次のようにいっているではないか。

「祈るときは、くどくど祈るな。言葉数が多ければ聞き入れられるわけではない。神は、あなたが求めるよりも前に、あなたに必要なものはご存じなのである」

祈りというと、われわれは神に「お願い」することだと思っている。自分の勝手な望みを叶えてくれと、神に要求することだと思っている。

だが、おそらくそうではないのだろう。

神への祈りとは、キリストの最期の言葉、「私の霊を神の手にゆだねます」という全託の境地ではないのだろうか？　お願いとは正反対の「私をどうにでもしてください」という、自己放棄とおまかせの気持ちの表明ではないのかと思う。それはイスラムの念仏ともいうべき「インシャラー（アラーの御心のままに）」であり、親鸞の念仏、自然法爾の心なのだ。

われわれの運命は、何をどう生きようと、すでに決まっているに違いない。

一生懸命に働いても、成功する人はするし、しない人はしない。それは決まっている。しかしどちらになるかは、人知では決してわからない。ならば、成功しようとあせってみても無駄なことではないだろうか。それよりも、仕事そのものを楽しみ、立派にやることだけに専念すれば、それでいいのではないか？　結果はどうにもならないとしても、その過程、つまり今の瞬間は、有意義にできるのではないだろうか？

というより、それしか人間にはできないように思われる。

どうあがいても、結果は決まっているのだ。どうあがいても、悟る人は悟るし、悟らない人は悟らないのである。

たとえば、こんな落語がある。

和尚のいない寺に禅僧が訪れ、難しい質問をする。たまたま居合わせた蒟蒻屋《こんにゃくや》の主人が和尚のふりをして応対するが、質問が難しすぎてわからない。そこで、苦しまぎれに意味ありげな身振りをすると、訪れた禅僧は、それをすばらしい回答だと思い、悟りを開いてしまったという話である。

実際、この通りなのだと思う。悟る人は、相手が高僧であれ、蒟蒻屋の主人であれ、悟るようになっているのだ。人生は、結末が決まっている連続ドラマのようなもので、最終回に合わせて途中の展開を適当に創作しているだけなのだ。悟ることが決まっている人は、悟りに至るシナリオを適当に書き上げて、後はそれを演じているだけなのだと思う。ただシナリオが下手くそだと、蒟蒻屋の主人によって悟りを開くという、必然性があまり感じられない妙な展開になってしまうだけなのだ。しかし結末にとって、それはどうでもいいことなのである。

H君が死んだのも、それは決まっていたことなのだと、私は思った。

仮に、電話代を払ってあげれば自殺せずにすんだとしても、私にはそれができなかった。つまり死ぬ運命のシナリオとして、それができない私が起用されただけなのだと思う。

私はただ、今回の出来事を教訓として活かし、次回には、救われる運命にある人のシナリオとして起用されるように、努力を続けていくしかないのだと思った。

失敗の経験こそ悟りへの道である。人は愛によって悟りを開く

以上のように、悟りを開くか開かないか、それはもう決まっている。

けれども、宇宙が進化を続ける限り、究極的には、どんな人も悟りを開く運命だということになる。もちろん、それは来世かもしれないし、何回も生まれ変わりを繰り返した後かもしれないが、とにかく最後には、すべての人が悟りを開くことは、まず間違いない事実だろう。

つまり、われわれは日々、たとえわずかずつでも、悟りに近づいているということなのだ。

たとえ今現在、悪や堕落に浸り、悟りとはほど遠い状況にあるように思えても、宇宙的な視野から見れば、それも貴重な教訓を学び、悟りに向かうプロセスだといえるのかもしれない。

たとえ、自分の愚かさや欲望、不注意などによって、自ら不幸を招いたように思えても、実はそうではないのだ。表面的な現象だけを見れば、確かにそうなのかもしれないが、宇宙的進化の次元で見れば、わざと失敗を犯したのである。わざと堕落し、悪に手を染め、人を憎み、争ったのだ。それもまた、悟りという「最終回のためのシナリオ」なのである。

なぜなら人間は、さまざまな経験、特に失敗の経験をすることで、心底から教訓を学び、悟りのエッセンスを身につけていくからである。

ならば、本当の意味における失敗とは、事実上、存在しないことになる。

だから、人生におけるすべての経験は、何ひとつとして、否定や排除の対象にはなり得ないのだ。つまり、戦うべきものは何もないのである。それが何であれ、すべてが進歩への、悟りへの学びであり、シナリオだからである。

たとえ人生で敵と感じるような人、いわゆる〝嫌な奴〟というのも、自分を悟りへ向かわせるために、あえて悪役を引き受けてくれた恩人だといえなくもないわけだ。どんな人間にも短所や欠点、嫌な一面が必ずある。それをいちいち否定と排除の対象として戦ったら、おそらくわれわれは、すべての人と戦わなければならなくなる。あるいはすべての人から逃避するかの、どちらかになってしまう。

人の短所や欠点とは、多くの場合、癒しを必要とする側面が露呈したものである。したがって、否定や排除では、何の解決にもならない。むしろ理解と共感で受け止めることで、われわれは人との戦いから解放されるのではないだろうか。

そしてそれは、人生のいかなる側面にもいえることだと思う。

どんな悪や堕落であろうと、失敗や不幸であろうと、それを否定し排除してはならないのだ。必要なのは、否定や排除ではなく、つまり戦いではなく、理解と共感なのである。

もちろんそれは、積極的に悪に近づけとか、失敗をしろという意味ではない。われわれはできる限り、自分が「善い」と思った生き方をするべきだと思う。

だが、それでも人間というものは、つい悪や堕落に傾き、失敗や苦しみに見舞われてしまうものである。しかしそうなってしまったら、そうなるように決まっていたのだ。

どんなことも神の許可なく実現しないというらしいから、進化のプロセスにおいて、何か必要があってのことなのだろう。悪や堕落に染まらなければ学べないことだってあるに違いない。

ならば、気のすむまで悪を味わい、堕落を味わえばいいと思う。それもひとつのプロセスであり、シナリオなのだろう。むしろその方が、早く悪や堕落から卒業できるかもしれない。

こうして考えると、結果として何をしてしまっても、罪の意識を感じたり、自分を責める必要はないように思われる。そうなるように決まっていたからである。もちろん反省は必要だが、いくら罪を感じたり、自分を責めたとしても、もう取り返しはつかないのだ。

それに、人を傷つけるのは悪いとはいえ、だれをも傷つけずに生きることは、現実にはほとんど不可能である。悪いことをしないで生きることは、人間には無理なことなのだ。

せいぜい、悪いことをした以上に善いことをして償っていくしかない。だれかに傷つけられても、その人を許していくしかない。これより他に、人間にできることはないと思う。

いかにあがこうと、いかに祈ろうと、いかに念力を使おうと、神が定めた結論を変えることはできない。人間はただ、神あるいは宇宙進化の流れに無抵抗に流れていくより、他には何もできないのだ。最終回ではなく、それに至る瞬間瞬間のシナリオを書いていくしか。

ならば、どうして「どうすれば」という問いかけなど、出てくるだろうか？

真に自分の無力を実感したとき、「どうすれば」という、未来に向けられた意識は止んでしまう。

その代わり、現在の自分自身に意識を向けるようになる。何かになる戦いは終息し、自分自身であろうとする。自分自身を表現して生きるようになるのだ。

だが、自分自身とは何だろうか？

それは、光の存在に他ならない。そして光の存在とは、愛そのものである。

つまり、愛を表現して生きるということだ。

ならば、そのために、修行が必要だろうか？

「私は、あの娘を愛したい。そのためには修行が必要である」

などというだろうか。「どうやったら愛せるのか？」などと問うだろうか？

だれもそんなことは問わない。愛がすべてに先立つからである。

要するに、人は愛によって悟りを開くのだ。愛のない心に悟りは開けない。そして愛は、いくら修行し、座禅を組んでみたところで、決して現れてはこない。

愛するために修行をする人はいない。愛する人は方法など問わない。愛する人は考えたりしない。愛する人は、愛するだけである。

どうしても修行を語りたければ、「愛を表現して生きること」が修行である。愛することが修行であり、同時に悟りの境地そのものなのである。

だが、愛することを修行などと思う限り、愛も悟りもそこにはないだろう。

《悟りを開くヒント》

・宇宙は「絶対善・絶対幸福」に向かって進化している。

・すべての経験や出来事は、われわれに光の存在を思い出させるために訪れる。

・「自然法爾」の境地で生きるとき、光の存在が想起され、悟りが開かれる。

・仏陀（覚者）になるとは、仏性（光の存在）を想起することであって、自分以外の、何かスーパーマンのような存在になることではない。

・悟りをめざし、覚者になることをめざしている人は、自分自身であることができない。

・決して戦わないこと、否定と排除の対象である「敵」をもたないことが、宇宙進化の流れに「無抵抗に身をゆだねる」という意味である。

・悟りの境地は、「どうすれば」という枠組みを越えたところにある。

・究極的には、どんな人も悟りを開く運命にある。

・自力では何もできないことを実感したときに、「どうすれば」という問いかけはやむ。

・愛するために修行をする人はいない。愛する人は方法など問わない。愛する人は考えたりしない。愛する人は、愛するだけである。

・愛することが修行であり、悟りの境地そのものである。

第7章　友愛関係を結ぶ

善き友情をもつことについて、釈尊が語った意外な言葉

釈尊は、悟りを開く上において、善き友を得ることの重要性を繰り返し説いていた。一番弟子のアーナンダがこう尋ねている。

「先生、善き友情をもち、善き仲間を持ち、善き交遊をもつことは、修行の半ばにも等しいと思うのですが、いかがでしょうか？」

おそらくアーナンダは、少しおおげさかなと思いながらも、善き友が得られれば、修行の半分は終わったも同然ではないかと尋ねたのだろう。もしかしたら彼自身、本気ではそう思っていな

かったのかもしれない。

ところが、それに対する釈尊の返答は、意外なものだったのである。

「アーナンダよ。それは違う。アーナンダよ。そうではない。善き友情をもち、善き仲間を持ち、善き交遊をもつことは、修行の半ばではなくして、修行のすべてなのである」(※13)

〝修行のすべて〟、つまり、悟りを開いたも同然だといっているのだ。

経典によれば、善き友をもてば、お互いに励ましあって修行に打ち込むようになるからだというのが、その理由のようである。

しかしながら、私は別の解釈をしている。

たしかに、善き友がいれば、切磋琢磨しあって修行に打ち込むようにはなるだろう。しかしそれだけで、悟りを開いたも同然だといえるだろうか？　たとえば善き勉強友達がいれば、一生懸命に勉強し、それでもう大学に合格したといえるだろうか？　そんなことをいったら、あまりにも無責任な希望的観測だといわざるを得ないだろう。

釈尊の真意は、おそらく、悟りの真理が人間に現れたのが「仏」であり、この世の理法に現れたのが「法（ダルマ）」であるように、善き友との交友関係とは、悟りの真理が「関係」に現れたものであると、こういいたかったのではないかと思うのだ。

つまり、仏・法・僧という仏教の三本柱における最後の「僧」とは、単なる修行僧の集まり（サンガ）というよりは、悟りを開いた者同士が必然的に形成する、愛に満ちた人間関係のことではないのかと。

「悟りを開けば、愛ある人間関係がもたらされる」

こういう意味だと思うのである。逆にいえば、愛ある人間関係は、悟りを開いてこそ初めて可能になるということである。だからこそ「修行のすべてだ」といっているわけだ。

つまり、愛し合うこと、それが修行であり、同時に悟りそのものだといっているのである。

では、愛し合うとはどういうことだろうか？

いうまでもなく、それは「ひとつになること」である。

これが、調和意識を超えた合一意識のレベル、すなわち究極の悟り状態なのだ。

このとき人は、宇宙進化の流れに乗るのではなく、宇宙進化の流れそのものになる。自分という存在が宇宙に融合されてしまうわけだ。

といっても、肉体が消えてなくなるわけではない。外見的には何も変わらない。ただ、宇宙の意識とひとつになるため、あらゆることを知る英知が授かるようになる。換言すれば、それは光の存在との完全な融合である。光そのもの、愛そのもの、英知そのものになるのだ。いや、なるというより、それが本来の姿だと気づくのである。

私自身はもちろん、そこまでの境地には達していないので、ここからは推測がかなり入るけれども、この境地に達すると、肉体をもった個人の存在は、地上世界と交流するための、ある種の窓口のようになるに違いない。彼の意識は宇宙の意識になっているからである。

あるいは、宇宙の意識が彼を通して表現されるという言い方もできるだろう。地上に生きるわれわれと交流するために、宇宙の意識が彼の肉体を使うということだ。地上生活で脳に刻み込んだ彼の知識や経験、およびその立場を利用して、宇宙が自らを語るのである。

だが、宇宙というのは、要するに彼のことなのだ。

「なんだ、俺は宇宙だったのか。俺はおまえで、おまえは俺だったんじゃないか」

と、ことの真相に気づいただけなのである。

最後の第7章では、調和意識から合一意識への移行を探求してみることにしよう。

地上は神の仕掛けたマジック・ショーだ。いかにして神のトリックを見破るか?

調和意識から合一意識への移行をひとことでいうなら、「分裂から統合」、あるいは「二元性から一元性へのジャンプ」である。

われわれの思考はコンピューターのようなものなので、二進法、つまりイエスかノーかの二者択一的な考え方しかできない。つまりそれは二元性であり、論理には通じているが、論理を超えた事物に関しては、認識も理解もできないわけだ。

ところが悟りの意識は、全体との一体感であり、すなわち一元性である。つまりイエスでありノー、イエスでもなければノーでもないという、（二元的な観点でいえば）矛盾している概念を、高い次元で統合させた意識だといえそうだ。

この点をわかりやすく、次のような暗喩モデルを使って説明してみよう。

まず、Aという人がある形を見て、「それは三角形だ」といったとしよう。

ところが、同じ形を見たBは、「違う、それは四角形だ」といって、2人は喧嘩になってしまった。もちろん、2人とも嘘はついていない。本当に見た通りの形をいったのだ。

ところが、そこにCがやってきて、こういうのである。

「それは三角形であると同時に四角形だよ」

けれども、AとBには、チンプンカンプンである。「三角形であると同時に四角形」などという形など、想像もつかなければ、この世に存在するはずがないと思う。彼らにとっては、三角形か四角形か、あるいはその他の形でなければならないのだ。そこで、Cがつけ加える。

「三角形と四角形は、分離しているように見えるけど、本当は同じ形の、異なった側面が見えているだけなんだ。三角形と四角形はひとつなんだよ」

AとBは、ますますわからなくなる。「三角形と四角形がひとつだって？」

ついには、Cは頭がおかしいのだと決めつけてしまう。

いったい彼らは、何を見たのだろうか？

彼らが見たのは、ピラミッドだったのである。

Aはその〝影絵〟を横から見たのであり、Bは上から見たというわけだ。そしてCは、影絵ではなく、そのありのままの形を見たのである。

二元性に縛られた平面的な思考には、「三角形であると同時に四角形である」「三角形と四角形はひとつである」という概念は、矛盾であって、とうてい理解はできない。

だが、立体的な一元性の意識から見ると、何も矛盾してはおらず、ピラミッドという形を、二元的に表現した結果にすぎないのである。

とはいえ、二元的な認識では、いくら言葉たくみに説明しても、ピラミッドの実像をとらえることはできない。平面の知覚で立体を認識するには限界があるのだ。立体は、立体の知覚によってのみ認識できる。この場合でいえば、ピラミッドをじかに見ることだ。

そうすれば、ああだこうだと理屈はいらない。その形がピラミッドであることを、言葉で説明する必要はない。見たそのままが、まさにピラミッドだからである。

悟りの境地とは、まさにピラミッドのような立体であり、多面的ではあるがひとつなのだ。

ところが二元的な思考では、その多面性をバラバラに認識するだけで、決してひとつの全体としては認識できない。つまり、ピラミッドの実像を本当には理解できない。

断片的な認識は「分析」であって、「理解」ではないからである。理解とは、常にその全体を、ありのままに認識することである。

このように、立体である悟りの境地を、平面である二元的な思考でとらえようとする限り、悟りを開くことはできない。だから、どんなに考えても悟りは開けないのである。平面を拡張させるのではなく、垂直方向に飛び越えなければならないのだ。いってみれば、あっと驚くような発想の転換というか、想像もしなかった目の付け所が求められるのだ。

たとえば、「どうして、こんなことができるのだろう！」と驚いてしまうマジック・ショーのタネが、実はあまりにも単純で、人間の認識の盲点や錯覚を巧妙に利用したトリックだったと知ったときの衝撃、あるいはこみあげてくる笑いといったものに近いのかもしれない。そしてこう思うのだ。

「どうして、こんな単純なトリックに気がつかなかったのだろう！」

事実、二元的な地上世界は、神の演じる壮大なマジック・ショーなのかもしれない。神が仕掛けるトリックによって、世界は分裂し、あなたと私という別人が存在しているように見える。だが、本当はたったひとつ、一元的なのだ。この意味で、悟りとは、二元的世界というマジックを造り出した神のトリックを見破ることだといえるかもしれない。

さて、いずれにしろ、悟りの境地は思考を超えているため、思考の産物である言葉では、それを表現することはできない。せいぜい、比喩などを使って暗示する程度である。

たとえば、「古池や蛙飛び込む水の音」という俳句がある。これは、カエルが古い池に飛び込んで水の音がしたという客観的な現象を伝えようとしたのではない。

その、何ともいえない雰囲気、その雰囲気によって喚起される感情、そういったものを伝えようとしたわけだ。ところが、それを言葉で直接に表現することはできないので、古池だの蛙だのを、いわば媒体としてもってきたわけである。

同じように、一元性が何であるか、それをダイレクトに説明することはできない。禅でいう「不《ふ》立文字《りゅうもんじ》」である。言葉では、月の美しさを伝えることはできない。ただ、月を指さすことができるだけである。月の美しさは、自分の眼で見ない限り、決してわからないのだ。

月を指さしたとき、指を見る人はいない。指の先にある月を見るはずだ。

どうか、本書の内容も、言葉がさし示す先にあるものを見ていただければと思う。

クラシック音楽の指揮者から学んだ、悟りの奥義とは何か?

古今東西の偉人が残した思想などから、悟りに関する啓発を受けるのは当然だが、私の場合は、自然を散歩して、空や大地、木や川、小鳥や昆虫などを見ているとき、ふっとすばらしい直感が湧いてくることが多い。また、すばらしい芸術、とりわけ音楽に接したときは、まるで泉のように、人生や悟りに関するすばらしい教えが閃くのである。実際に生身のグルが目の前にいて、教えを説いてくれているようにさえ思うときもある。すばらしい音楽には、悟りの意識を覚醒させる非言語的なメッセージがこめられているのかもしれない。

また、同時に、芸術家や音楽家から貴重なヒントや励ましを得ることが多い。中でも、戦後、日本のクラシック音楽界を支えてきた、今は亡き指揮者の山田一雄先生からは、悟りの核心に迫るようなヒントを学ばせていただいた。

当時、20代の半ばだった私は、ある音楽愛好家の会に所属していたのだが、その代表が山田先生だった。私は幸運にも、この偉大な芸術家の人柄と精神に触れる機会に恵まれたのである。

先生は実に飾らない、気さくな方で、それでいて底知れぬバイタリティと深い洞察力をお持ちで、まさに人間的な側面と、人間離れした側面の両極性を確立されていたように思われた。

当時、70歳を過ぎてもなお、若々しく情熱的な指揮ぶりと、そこから生み出される生命力溢れる音楽に、私はどれほどの感動と生きる勇気を与えてもらったかしれない。

そんな熱いコンサートが終わると、数人の仲間と一緒に喫茶店に行き、先生の隣に腰掛けては、音楽の話はもちろん、いろいろな話を聞かせていただいた。私のような、いちファンにすぎない若造の、どんな間抜けな質問にも、先生は決して馬鹿にされたり、いい加減な態度をとられたりせず、ていねいに誠実に答えてくださったことをよく覚えている。

それがいかに嬉しく、また感動的だったか、とても言葉では表現できない。誠実というとき、私は山田先生を思い出す。百万の説教を耳にしても、生きたお手本をたった一度でも目にすることには及ばない。私が誠実に生きたいと思うのも、たとえその誠実さが報われなくても構わないと思うのも、誠実であること、そのことが、私に山田先生を思い出させてくれるからだ。

「やあ、斉藤くん、がんばっているかい？」

こんなふうに、たったひとこと声をかけてもらっただけで、胸がいっぱいになった。

しかしながら、当時の私には、山田先生の本当の偉大さ、もの凄さが、まだまだわかっていなかったように思う。

実は、山田先生の指揮ぶりは、一見するとめちゃくちゃな感じがするのだ。

オーケストラの楽員も、しばしば読みづらいというようなことをいっていたようだし、演奏がうまく進行しているときなど、タクトを振らないというときもあった。

私は、もしかしたら、指揮がヘタなのかな、などと思ったりもしたが、しかし先生は、指揮法に関する立派な本も書かれており、ヘタということはもちろんあり得ない。

それに、結果として生まれる、あのすばらしい音楽を、どう説明したらいいのだろう。特に、先生が得意とされていたマーラーのシンフォニーがうまくいったときなど、音楽は生命を宿し、切れば血が吹き出すかのような有機体と化し、マーラーの魂がホールに現出したかのような錯覚さえ覚えてしまうのだ。それほどまでに見事な音楽が、あの指揮棒から生み出されてしまうのである。

悟りの3段階「守・破・離」。
達人が演じる究極の芸術とは？

武芸の世界に、「守・破・離」という言葉がある。

たとえば剣道を習おうとするとき、まずはお手本にしたがって練習する。これが「守」の段階だ。いわば、基本的な技術を忠実にまねることである。

やがて、腕が上達すると、今度はお手本の「型」を破り、自分なりのやり方を編み出すようになる。これが「破」の段階だ。「何々流」といったスタイルを掲げ、自分の個性を活かすようになる。ここまでくれば、とりあえずは一人前ということになる。

しかし、さらに達人になってしまうと、もうどのやり方といったものがない。まさに自由無碍《むげ》、いかなる型にもはまらない。ついには「戦わずして勝つ」ようになってしまう。戦わなければ勝てないようでは、一流とはいえないというわけだ。これが「離」である。

宮本武蔵は、そうして剣を捨ててしまった。山田先生もまた、この境地に達してタクト（の技術）を捨ててしまわれたのかもしれない。

「演奏がうまくいっているのに、なぜ棒を振る必要があるんだい？」

最初は冗談かと思った山田先生のこの言葉の真意が、今にしてようやく、わかるような気がする。つまり音楽は、指揮者が鳴らすのでもないし、演奏家が鳴らすのでもないということなのだ。

音楽は、音楽が鳴らすのである。

音楽が独自の生命体と化し、自らを鳴らすのだ。そんな閃きが頭に飛び込んできたのである。いわゆる「音楽の流れに乗る」とでもいうのだろうか。自分が演奏しているという感覚が希薄になり、ただ音楽の流れに同調して楽器をいじっているように感じられるのである。おそらくこれが、達人のレベルなのだと思う。

そのときは指揮者も演奏家も、音楽という生命体の一部になっている。演奏家が音楽を鳴らすのではなく、音楽が演奏家を鳴らしている状態になっているのだ。

このときに音楽は、聴衆に計り知れない感動をもたらすのである。まるで魔術のように。演奏会とは、意識変容の魔術儀式であり、指揮者は魔術師そのものなのだ。

「僕はね、背後にいる聴衆が何を考えているか、手に取るようにわかるんだ。それを感じながら常に指揮のやり方を変えているんだよ」

たしかに山田先生は、いざ本番になると、リハーサルとはまるで違うテンポで指揮をすることもあった。山田先生の音楽は、リハーサルの「繰り返し」ではなく、その場その時に応じて変化する、まさに生きた音楽だったのである。

「演奏家と聴衆がひとつにならなければ、名演は生まれないんだ。すばらしい演奏家だけではだめなんだ。大切なのは、演奏家も聴衆も、音楽とひとつになることなんだ」

音楽とひとつになる。この言葉が、どれほど悟りへのヒントになってくれたことか！

なるほど、すばらしい名演を聴いているとき、「私は音楽を聴いている」という自覚はない。自分という存在は音楽の流れに融合し、音楽とひとつになっている。演奏する方も聴く方も、自分という意識があっては、音楽とひとつにはなれない。

ところが、もしも技術にこだわる心があると、そこには「自分」がいるのではないだろうか。技術とは、要するに「うまくやるための方法」であり、基本的に自力である。自分で何とかしようとする心である。だから、技術にこだわる人は、音楽を支配しようとする。

そのため、音楽それ自体がもつ流れに身をまかせることができず、音楽が独立した生命体に変容することはない。「自分が音楽を鳴らすのだ」という意識がある限り、音楽は音のレベルを超えたものにはならないのだ。

早くいえば、うまくやろうとする限り、うまくできないのである。そこには、巧みな技術への驚きはあるかもしれないが、魂を揺さぶる感動は生まれない。

後に聞いた話だと、山田先生は、指揮法の本を書いたことは、人生における最大の失敗だと語っていたそうだ。真意は定かではないが、音楽は技術ではないと、そう思ったからに違いない。晩年は書道にも大きな関心を示され、「書は奥が深い。そこから学ぶことはたくさんある」とおっしゃっておられた。

悟りとは対象とひとつになること。何をやっても愛がなければ意味がない

私は、究極の演奏とは、音楽とひとつになることだと学んだ。

そして他の芸術、絵画や彫刻にしても、茶道、華道、書道にしても、いや、何をやるにしても、究極の至芸とは、対象と一体になることだと思うようになった。

すなわち、超一流の画家は、絵と一体化している。自分が絵そのものとなっている。超一流の相撲取りは、相撲を取らない。自分が相撲そのものだからだ。超一流の教師は、生徒とひとつになっている。そうしてこそ人を教え、導くことができるのだと思う。

魂のこもった彫刻を作るには、自分が彫刻を作ってはダメなのだ。自分が彫刻そのものとならなければ。まさにこの世界の創造が、神ご自身の化身によって為されたようにである。

こうした芸術の奥義は、当然、悟りについても当てはまるはずである。というより、芸術であれ何であれ、対象とひとつになることは、すでに悟りの境地なのであろう。

ただし、悟りの場合は、音楽や絵画などに限定せず、この世界のあらゆる事物との一体化をめざす道なのだと思われる。歩けば歩きとひとつになり、仕事をすれば仕事とひとつになり、友達といれば友達とひとつになり、泣けば悲しみとひとつになる道である。

いずれにしろ、そのためには技術を捨てなければならない。

もちろん、技術がどうでもいいということではない。技術は磨かなければならない。だが、技術の先に悟りの境地は存在しないのだ。技術とは、本質的に取引であり方法であって、そこには自我という障壁が介入してしまうからである。障壁がある以上、対象とひとつになることはできない。そこには常に分離がある。

私は、今までの自分を振り返って、あまりにも論理や思考、知識や技術に偏重しすぎていたように思われた。悟りは、瞑想や呼吸法、マントラといったテクニックさえ行じていけば、それで開かれるものと思っていたのである。ちょうど、工場の組み立て工程を順に経ていけば製品が完成するように、修行という技術によって、覚者が〝生産〟されると考えていたのだ。あまりにも理工学的な発想でしか、悟りを考えていなかったのである。

しかし悟りは、技術ではないのだ。座禅だとか瞑想、戒律や教学の勉強、マントラや呼吸法といったテクニックが、悟りをもたらすのではない。上手に念仏を唱えた者が救われるわけではないのだ。

では、技術ではないとしたら、いったい何が、一体化をもたらすのだろうか？

一体化をもたらすのは、この世界にひとつしかない。いうまでもなく、それは「愛」だ。というより、一体化がすなわち愛なのだ。そして愛は、技術の賜物ではない。

愛がなければ、いかに技術が巧みであっても、それが活きてこない。何をしても機械のように味気無い。愛がなければ、そこに生命はないからである。聖書では、次のように語られている。

「たとえ天使の言葉を話したとしても、愛がなければ、やかましい鐘と同じである。たとえ霊感に満ちた説教をする才能をもち、あらゆる知識と秘法に通じ、山をも動かす信仰があったとしても、愛がなければ、無に等しい。たとえ全財産を施し、自分のからだを焼かれるために捧げたとしても、愛がなければ、何にもならない」（コリント人への手紙13）

悟りを妨げている致命的な原因とは？
悟りをもたらすのはハートである

しかしながら、ここに大きな問題がある。

われわれには愛が何なのか、わかっていないということである。愛を、単なる観念やイメージでしかとらえていないのだ。われわれのいう愛とは、愛の〝影絵〟にすぎない。その証拠に、愛を口にしながらも、人も世界もまったく一体化に向かっていない。われわれは単に、愛という言葉をもて遊んでいるにすぎない。

しかし、愛は言葉ではない。また、言葉では表現できない。愛は二元的な頭脳では認識できない。一元的である愛は、二元的な頭脳ではなく、同じ一元的な知覚でなければ認識できないのだ。

では、その一元的な知覚とは、いったい何なのだろうか？

私はそれを、とりあえず「ハート」と呼んでいる。

ハートが何であるか、その心理学的あるいは解剖学的な説明は、あまり重要ではない。人が愛を理解し、悟りを開く存在であるからには、一元性を認識する知覚があるはずだとして、ハートと命名したにすぎない。

重要なのは、ハートだけが愛を、イメージではなくダイレクトに、その全体をありのままにとらえることができるということだ。もしもハートがなければ、そこに愛はない。愛がなければ生命もない。あるのはただ、無機的で冷たい技術だけである。

だから、ハートのない指揮者は、単なるメトロノームでしかない。

ハートがなければ、家庭は単なる共同生活者の集まりでしかない。ハートがなければ、友人は取引相手でしかない。どんなに頭がよくても、ハートがなければコンピューターと同じであり、どんなに美人でも、マネキンと変わらない。ハートがなければ、人間はマシンなのである。そしてハートがなければ、世界が平和になることもない。

ハートがないから、悟りが開かれないのだ。問題は技術の欠如ではなく、ハートの欠如なのである。ハートが閉じているために、われわれには真実の姿が見えず、思考が作り上げた観念、つまり虚像（イメージ）を、いつまでも真実と錯覚してしまうのだ。

たとえば、「歌とは何か？」と子供に質問されたら、どう答えるだろうか？

「歌とは、言葉にメロディをつけて発声することである……」

単なる観念を実像と錯覚している大人は、ついこんな答え方をしてしまう。

だが、これでは歌の「観念」の説明であって、歌の説明にはなっていない。歌を説明するには、その場で歌ってみせることである。そうすれば子供は、観念ではなく、歌そのものをハートで、つまりひとつの全体として、理解するだろう。

同じように、「思いやりって何？」と尋ねられたら、実際に思いやりを示すしかない。自分自身が「思いやり」そのものにならなければ、人に思いやりを教えることはできないのだ。「思いやりとは、相手の立場や心情を自分のことのように推量することだ」と説明しても、子供は観念では理解するかもしれないが、実際に人を思いやる人間にはならないだろう。

だが、行動に現れなければ、思いやりとはいえない。つまり子供は、思いやりが何であるか、まったくわかっていないということなのだ。思いやりとは観念ではなく、それゆえに頭で理解するものではないからだ。それは、ハートで理解するものだからである。

いわゆる〝頭のいい人〟は、どんなものも観念で理解してしまう。だから立派な説教もできるし、愛についての高尚な理論を話すこともできる。われわれはそんな話を聞いただけで、その人は立派な人だと思ってしまう。また本人もそう思っているかもしれない。

しかしそれは、二元的な思考では認識できない一元的な事物を、強引に思考のカテゴリーに押し込み、それを実在だと錯覚しているだけなのである。本来は分断できないものまでも切り刻み、そのため実像を歪めて認識しているだけなのだ。

たとえば人と接しても、思考は、善か悪か、優か劣か、美か醜か、敵か味方か、強いか弱いか、金持ちか貧乏か、自分にとって有益か無益かなどと、あらゆる切れ込みを入れて分断し、人を「部分の総体」という観念でしか見ない。

しかし部分の総体は、決してその人の実像ではない。ピラミッドを四角形だとか三角形だとか、いくら平面的に分析してまとめたところで、本当の形を認識できないのと同じである。立体は立体のまま、その全体像を見なければならないのだ。

こうした〝切り裂きジャック〟が表面意識を支配しているため、愛そのものである光の存在が深層から昇ってきても、まるでスリット（隙間のあいた板）のごとく光を分割してしまい、愛をだいなしにしてしまう。だから悟りが開かれないのである。愛は分割不能の全体であり、分割されたら、もはや愛ではなくなってしまうからだ。しかしわれわれは、その分断され条件づけられた偽りの愛を、真実の愛と錯覚している。

公案を解いて悟りを開く。意識が突然ジャンプする

そこで、二元的な思考を打ち破り、一元的な事物をダイレクトに把握する必要があるわけだが、そのために臨済禅では、「公案」なるものを掲げている。参考になると思うので、少し解説してみたい。

ご存じのように、公案とは、一種の奇問、なぞなぞであり、今まで随所に掲載してきた逸話がそれである。中でも有名なのは、白隠による「隻手《せきしゅ》の公案」で、拍手すると音が出るが、片手から出る音を聞いてみろというものだ。拍手の音は両手を叩いて出すわけだから、片手だけで音が出るはずがない。しかしそれを聞いてみろというのである。あるいは「鳴かぬカラスの声を聞け」というのもある。論理的な思考の枠組みでは、決して解けない問題である。

この問題を、長い間、ひたすら考え続けるのだ。ただし、正解はあるようでない。弟子の出した答えに対して、師匠が正しいと判断すれば正しいことになる。しかし重要なのは、正解を出そうと努力するプロセスにおいて、しだいに二元的な思考の枠組みが弱体化していくことなのである。言い換えれば、一元性を理解するハートが目覚めてくるかどうかなのだ。

その結果、ふとしたきっかけで、ついに解答がわかる、つまり悟りが開かれる。考えた結果としてわかるのではなく、思考の限界を突き抜けて、ふっと閃くかたちでわかるのだ。

悟りというのは、常にこういうものなのだと思う。ある程度、自分を限界まで追い詰めたとき、思いがけずジャンプして一線を飛び越え、新たな次元の境地に目覚めるのだ。

実例をあげて、公案のめざすところを具体的に説明してみよう。

ある僧が趙州《じょうしゅう》に尋ねた。

「達磨がインドから中国に来て伝えようとした心とは何ですか?」

「庭先にある柏の木だ」

「和尚、たとえはやめてください」

「私は、たとえなどしていない」

「達磨がインドから中国に来て伝えようとした心とは何ですか?」

「庭先にある柏の木だ」

思考の枠組みで考えれば、趙州和尚はあきらかにたとえで示している。

ところが、そうではないというのだ。達磨がインドから中国に来て伝えようとした心とは、庭先にある柏の木だというのである。これは、どういうことだろうか？

達磨が伝えた心とは、いうまでもなく悟りである。そして悟りとは、全体との一体感である。それは、文字通りひとつなのだ。ならば、すべては庭先にある柏の木だということになる。なぜなら私もあなたも柏の木であり、柏の木は私でありあなたであり、すべてだからだ。

もちろん、柏の木でなくてもいいのだが、たまたま目の前にあったので、それを選んだのであろう。いずれにしろ、たとえでも何でもなく、ただ直裁に答えているだけなのである。

ならば、趙州は、いま私が解説したように答えればいいではないかと思うかもしれない。その方がわかりやすくて親切だと。

だが、こうした説明は、単なる観念の説明であって、達磨が伝えた心そのものではない。達磨が伝えた悟りの心、つまり「すべてはひとつ」ということをありのままに表現するには、目の前にある事物を、ただポンと答えるしかないのだ。ただ「ひとつ」をさし示すしかないのである。むしろ、私のような説明の仕方こそ、〝たとえ〟なのだ。それは思考には訴えるかもしれないが、ハートに訴えることはない。

そのため、こうした説明でわかったと思っても、「観念でわかった」にすぎず、要するに何もわかっていないということなのである。頭ではなく、ハートでわからなければダメなのだ。

もしも、ハートが開きかけていれば、「庭先にある柏の木だ」という言葉を聞いただけで、ピンとくるはずである。達磨が伝えた心、すなわち一体感の何たるかを体験的に理解するだろう。いわば以心伝心だが、ハートのある者同士なら、言葉なくして通じ合えるわけだ。

では、ついでに次の2つはどうだろうか？　ハートに感じるものはないだろうか？


師のもとに弟子がきて尋ねた。

「師よ。私は悟りを開きました。この先、どうすればいいのでしょう？」

「だれが悟ったというのか？」

「私が悟ったのです」

「その〝私〟というのは、どこにいるのか？」

このとき弟子は、はっと気づき、本当に悟りを開いた。


師のもとに弟子がきて尋ねた。

「師よ。私は悟りを開きました。この先、どうすればいいのでしょう？」

「迷いを捨てよ」

「私は悟りを開いたのです。なぜ迷いなどがあるでしょう」

「〝私は悟りを開いた〟という迷いを捨てるのだ」

このとき弟子は、はっと気づき、本当に悟りを開いた。


前者の場合、悟りは全体との一体感なわけだから、そこに〝私〟はいないはずである。したがって、私が悟ったとはいわない。後者の場合も基本的には同じで、「私は悟りを開いた」と思うのは、観念にすぎない。だが、悟りは観念ではない。

観念ではないから、いずれの場合も、「この先、どうすればいいのでしょう？」などと尋ねたりしない。ただありのままに、悟りを表現して生きていくだけである。

冷たい水に飛び込んで夢から覚めよ。神が与えた本当の公案とは何か

以上のような公案は、命がけの真剣勝負で挑むからこそハートが目覚めるわけで、クイズ感覚で面白半分にやっても効果はないし、むしろ理屈ばかり達者になり、悟ったような自己イメージに埋没してしまう危険さえある。あくまでもハートは、現実生活における実体験によって開かれるのである。

たとえば極上のワインの味は、飲んでみなければわからない。恋愛に関する本をいくら読んでも、体験がなければ、恋の感覚はわからない。いくら本で泳ぎ方を勉強しても、水に入ってみなければ、泳げるようにはならない。

きわめて当たり前なのだが、われわれはつい、自らをイメージに埋没させ、実体験としてのハートではなく、観念にすぎない頭でわかったつもりになってしまう。理由はおそらく、イメージの世界は気楽で楽しく、自分の思うようになるからであろう。

自分をイメージの繭で囲み、現実世界と遮断してしまえば、そこには醜いことも危険なこともない。外界とのコミュニケーションは、繭の内部に設置されたテレビ・モニターを通して行われる。そこに送られてくる映像は、あらかじめ不愉快な部分はカットされ、編集されている。だから決して傷つくこともない。イメージの世界は、現実を受け入れたくない心の逃避場所に利用されている。

だが、これではいつまでたってもハートは開かれない。

自分に都合のいい面だけを受け入れ、それ以外は切り捨てるという、分断され条件づけられた生き方では、二元性を超えられないからである。ハートは、人生で遭遇するすべての要素を受け入れ、それを高い次元で統合させていくプロセスにおいて、はじめて目覚めるのだ。

大切なのは、裸になって冷たい水に飛び込むことである。命がけの覚悟で水に飛び込み、溺れかけてみることだ。

そうすれば、イメージの夢から覚める。現実と自分の姿が等身大で映し出される。泳ぐ方法を尋ねたりもしない。溺れる者は、「泳ぐにはどうすればいいのか？」などと考えない。ただ必死になって手足を動かすだけである。

だが、そのときにこそハートが目覚めるのだ。頭ではなく、ハートが泳ぎを覚えるのである。そうしてはじめて、本当に泳げるようになる。

いつまでも、愛とは何か、自然法爾とは何か、などと考えていても、何がどうなるわけでもない。悟りに関する本をすべて読んだところで、何も変わらない。大切なのは、現実に飛び込んでいくことだ。実際に、愛に生き、自然法爾に生きることだ。できるとか、できないとかが問題なのではない。やるか、やらないか、ただそれだけなのである。

ハートとは、そうした実体験を通してのみ開かれる。あれこれ理屈を振り回して頭脳を使っても、中途半端に座禅や公案をやっても、ハートは決して開かれない。

悟りを開く上でわれわれができる、もっとも効果のある公案とは何か？

したがって、禅寺にでも入門し、厳しい状況下で挑まない限り、公案は単なる観念の遊びでしかない。追い詰められながら、真剣に悩みの解決をめざすからこそ公案になるのだ。

ならば、一般のわれわれにとっては、この現実生活で生じるさまざまな悩みや困難こそが、まさに公案そのものだといえないだろうか？

たとえば、仕事の悩み、お金の悩み、人間関係の悩み、健康の悩みである。

実際、古今東西の聖者などは、そうした現実生活の苦悩や困難を乗り越えながら、高い境地に達していったのだ。山奥で瞑想ばかりして聖者になったわけではない。この実社会こそが、最高の修行道場だったのである。

問題は、悩みや困難を、不愉快な不運ととらえるか、あるいは悟りへの好機ととらえるか、それだけであろう。人生で遭遇するあらゆる悩み、試練、困難を、ハートを開くための公案とすることで、悟りは開かれていくのだ。人生を修行そのものとしなければ、いくら座禅や瞑想をしても、単なる気休めであり、逃避でしかないだろう。

ところで、こうした悩みの中でも、特に人間関係における悩みは、もっともすぐれた公案ではないかと思われる。

というのも、人間関係はまず、「相手と私」という二元性が基本になっている。そのため性格や考え方の相違、意見や信念の相違などで対立が起きやすく、憎悪や争い、妬みや裏切りなど、あらゆる不愉快なことが起こるからだ。しかも、自分の痛い所や弱点を見事に突いてくる。自分自身の認めたくない一面に気づかせられ、自己イメージを打ち破られる。

そのため、人間関係は、非常に心をかき乱される二元性へと、われわれを追い込むことになる。

それを公案として取り組むわけだから、それはもう必死である。禅寺の公案は、難問ではあるが自分の痛い所を突いてこない（その代わり師匠がそれをやる）が、人間関係の公案は、遠慮なくチクチクと突いてくる。だから、いてもたってもいられない。

このときに、修行の厳しさがわかる。自分の力量や心境のレベルが、まだまだ低いレベルにすぎなかったことを思い知らされる。いかに口先で美辞麗句を語れても、この状況で化けの皮が剥がされてしまう。

心の中には、憎悪や妬み、悲嘆や葛藤が嵐のように吹き荒れる。これに敢然と立ち向かい、なぜこのような状態になるのか、自分のどこに原因があるのか、相手はなぜこんなことをするのか、どのように行動することが「公案」の解答なのか、つまり二元性を超えることなのか、必死な思いで練り込んでいかなければならない。

もしも敵対したり、服従したり、逃げたりすれば、それは「正解」ではない。依然として分裂があり、二元性の領域を超えていないからだ。たとえ表面的には解決したように思えても、霊的な進化という点では、問題を先送りしただけにすぎない。だから、遅かれ早かれ同じような状況が訪れ、合格するまで何度でもやり直しをさせられることになる。

ならば、正解とは何なのか？

正解は、常に一元性の中にある。ハートが開かれれば、一元性の正解がつかめるのだ。

だから、それまでは非常に苦しむ。殺してやりたいほど憎い相手、顔を見るのも嫌な相手を前に、敵対でも逃避でもない道、それが正解への道だからだ。そんな選択をするくらいなら、悟りなんかどうでもいいと思ったり、自分に都合のいいことが書いてある本を見つけてきて自己弁護したくなるかもしれない。

だが、そこまで自分を追い込んでいったとき、突然、ハートが開かれるのである。

多くの場合、直感的に、なぜ自分がこれほどの憎悪を抱くのか、また、なぜ相手が不愉快な行為をするのか、その深い理由がわかるのだ。想像もしなかった「意識のジャンプ」が生じ、殻が打ち破られ、意識が拡大し、信じられないような一元性の正解を打ち出すのである。

それは多くの場合、憎い相手への許しであり、嫌いな相手への共感である。もちろん、無理にそうするわけではない。喜びをもって和合の道を開き、戦う対象も逃げる対象もない世界へと移行するのだ。「私と相手」という二元性の分離が、一元性に近づくからである。

どのようにすれば人を理解し、ハートを目覚めさせることができるか

こうした厳しい公案を解くには、「無抵抗の理解」が最大のポイントになる。つまり、戦わずに相手を理解するように心がけるのだ。たとえばこんな話を紹介してみたい。

ある寺に、1匹の鹿が迷い込んできた。すると、庭を掃いていた和尚が、もっていた箒で鹿を

打ちつけたのである。鹿は痛さと驚きで林の奥に逃げ込んでしまった。たまたまその光景を見ていた村人は、生きとし生けるものへの慈悲心を説く仏教の僧侶にふさわしくない行為だといって、和尚を非難した。

けれども、和尚の真意は、村人が思うようなものではなかったのである。もしも鹿が、人間を恐れずに近寄っていったら、猟師などによって殺されてしまうだろう。そこで和尚は、鹿の生命を守るために、人間の怖さを知らしめて、人間に近寄らないようにさせたのである。

村人は、短絡的で皮相的、近視眼的なものの見方しかできなかったので、表面的な行動だけを見て、軽率にも誤った判断をくだしてしまったのだ。なぜ和尚が鹿を打ったのか、その真意を理解しようとせず、ただ自分たちの独断と偏見を固持していたからである。

この事件は、村人にとっては一種の公案だったといえるだろう。しかし彼らは解けなかったし、解こうともしなかった。ただ一方的に和尚を責め、批判し、裁くだけだったのだ。

やはり、これではまずいわけだ。「公案」を解くには、理解と共感が必要なのである。

たとえば、世の中には腹が立つような人間はたくさんいる。平気で約束を破る人間、差別的な態度に出る人間、間違い電話を詫びもせずにガチャンと切る人間、車から空き缶や煙草の吸い殻を捨てる人間、夜中に騒音を撒き散らす暴走族、汚職にまみれた政治家や官僚に至るまで、右を見ても左を見ても、頭をひっぱたいてやりたくなる人間ばかりである。

だが、なぜそういう行為をするのか、その理由だけは、どこまでも探求し続け、理解する姿勢をもたなければいけないと思うのだ。一方的に責め、批判し、裁いてはまずいわけである。なぜなら、どういう理由や動機があるか、わからないからである。たとえ、同情の余地など皆無とも思えども、それなりの言い分もあるのかもしれない。

臨終時における意識変容の研究で有名な精神科医E・キューブラー・ロスは、ある病院で働くひとりの医師についての、感動的な話を紹介している。(※14)

その医師は横柄な性格で、みんなから嫌われており、しかも患者はほとんどが死んでいくのだった。講義のとき、ロスが「少しでも彼に好意が抱ける人はいませんか?」と尋ねると、かろうじてひとりの若い看護婦が手をあげ、毎晩病室を見回る彼は憔悴しきっており、同情を感じるといった。そこでロスは、今度いたわりの言葉をかけてあげたらどうかと勧めたのだが、看護婦は自信がなかったので、はっきりと約束はしなかった。

ところがある晩、やはり憔悴しきって病室を見回る彼を見かけたので、勇気を出して「辛いでしょうね」と声をかけたという。すると横柄なはずのその医師が、彼女の腕をつかまえてすすり泣き、自分の苦悩と悲しさを訴えたというのだ。人を助けたいと思ってこの道に進み、自分の幸福や人間関係、デートの時間さえ犠牲にしてきたのに、患者が次々に死んでいく現実、それに対する自分の無力さと罪の意識、こうした、だれにも話せずに抱え込んできた苦しみを訴えたのである。看護婦はただ、その話を聞いてあげることしかできなかったそうだが、以来、彼は変わり始め、患者に深い共感を寄せることのできる謙虚な医師になっていったという。

「嫌な相手こそ、実はもっとも愛を必要としている人だ」とロスはいう。そして自らの体験を振り返りながら、次のように語っている。

「敵意や憎しみを抱き、悪態をつき、非難し、裁き、見下している限り、事態はよくならない。他のだれかを打ちのめすことで、だれかを救うことはできない。敵意を抱く人がいたら、その考えを即座に断ち切り、愛と理解で包み込んであげることだ。そうすれば、どんなに嫌な相手でも変わる。事態を変えようと思うのなら、この方法しかない。すなわち、憎しみの代わりに愛を向ける以外には……」

人間関係の一体感がなければ、生命力は深刻に枯渇してしまう

もしも自らの人生に、戦う対象や非難する対象、あるいは逃げる対象が少しでもあれば、それはまだ二元的な領域が克服されずに残っていることを意味している。一元的なハートを開くために、挑むべき公案がまだある証拠なのだ。

しかし、そうした公案をひとつひとつ、忍耐強く解いていくたびに、一体感を覚える人間関係が形成されていく。そうすると、光の存在が目覚めてくるだろう。なぜなら一体感こそが、光の

存在の属性そのものだからである。

おそらくわれわれは、この一体感なくして生きることはできない。一体感を覚える人間関係がなければ、光の存在は眠りこみ、深層に埋没し、萎縮してしまうからだ。その結果、生命力が枯渇してしまう。なぜなら光の存在とは、生命エネルギーそのものだからである。

実際、統計的にも、一体感が欠如している人は寿命が短く、病気に対する抵抗力も弱いことが知られている。Ｊ・Ｆ・バークマンとＳ・Ｌ・サイムが１９７９年に行った調査によれば、社会とのかかわりが少ない人の死亡率は、かかわりを多く持つ人の２・５倍も高いというし、イスラエルで行われた調査では、狭心症と相互関係があるとされる激しい不安感を抱いている男性のうち、妻の愛情と支持を感じているグループは、愛情も支持も得られないと感じているグループに比べて、狭心症にかかる割合が半分だったという。

他にも、配偶者に先立たれた人は、そうでない人より２倍から４倍も死亡率が高く、英国では妻の死後６カ月における夫の死亡率が、平均より40パーセントも高いと報告されている。

このように、一体感が欠如すると、生命エネルギーである光の存在が萎縮し、深刻な生命力減退に陥ってしまうのだ。その最たるものが「抑鬱状態」である。

すなわち、感情機能が極度に低下し、外的にも内的にも刺激や交流が遮断され、生きる意欲を失い、自らを暗闇に閉じ込めてしまう状態だ。活動は停止し、ぼんやりとし、空虚で、まるで死人のようになってしまう。

心理学者グリフィンとハーロウによる有名な実験が、抑鬱の原因を探る上で参考になる。

それは、生後24時間以内に母親から分離した12匹のアカゲザルを、1匹ずつ隔離したゲージで3カ月間飼育した後に、通常の他のサルと一緒の集団ゲージに入れるというものである。要するに、生まれてすぐ親との一体感を奪ったわけだ。

すると、隔離されたサルたちは、極端な抑鬱状態となり、ぼんやりと動かず、腕を自分の体に巻き付けるなどの行為が見られたという。これはおそらく、自分の身体に触れることで、母親との接触不足を補おうとしたか、あるいは自己防衛のためだと考えられる。

さらに、6カ月のあいだ隔離したサルの場合は、他者との社会的交渉がなく、自閉的で、探索行動や活動量が少ないばかりか、奇妙な行動が見られたという。

それは、自分の身体を痛めつけたり、強いオスザルへ無謀な攻撃をしかけたり、自分より小さな子ザルをいじめるなどである。つまり、マゾ的な自分への虐待、サド的な他者への「いじめ」が見られたのだ。

それでも、隔離が3カ月間だけの場合は、その後の集団生活で正常のサルに戻ったそうである。しかし6カ月の場合は、正常には戻らなかったという。

この実験から、抑鬱、すなわち生命エネルギーの枯渇は、一体感の欠如にあることがわかるだろう。サルも人も、あらゆる生物も、一体感なしでは生きられないのだ。

しかし、一体感があれば、次のような驚くべきことも起こるのである。

オハイオ州立大学で行われた実験によれば、定期的にウサギをかわいがって撫でたり話しかけたりしたグループの方が、そうでないグループより、60パーセントも動脈硬化症的変化におちいる率が低かったという。

一方、スタンフォード大学医学部のマーシャル・クラウスは、生死の瀬戸際にいる保育器の中の乳児たちに触れる（タッチング）試みをしている。乳児たちを2つのグループに分け、一方の乳児には数時間おきに15分間、指で乳児の背中をさすったのである。その結果、タッチングをした乳児は、タッチングをしない乳児に比べて、大幅に生存率が高くなったという。

また、ロンドンの社会学者、ジョージ・W・ブラウンが、精神医学的実験に基づいて行った研究によれば、夫やボーイフレンドとの親密で信頼できる関係（セックスの有無は問わない）は、どんなものであっても、ひどいストレスを体験した女性が抑鬱状態におちいるのを防ぐと報告している。

タッチング、すなわち触れ合いは、一体感の感覚を呼び起こす上で、もっとも効果的な行為なのであろう。実際、われわれは握手や抱擁、愛撫といった肌と肌の接触を通して、相手との一体感が深まるのを知っている。また、肉体的な接触がなくても、親密な関係を築くこと（つまり精神的な触れ合い）により、一体感を覚えることもある。

いずれにしろ、一体感があるときに、光の存在は目覚め、生命エネルギーが喚起されるのだ。

その結果として、心身が癒されるのである。

一体感は、無条件に相手の全体を受け入れることによって得られる。たとえ一部といえども拒絶する気持ち、戦う気持ちがあれば、一体感は得られない。人間は、分割できない1個の全体だからである。機械のようにパーツ（部品）から組み立てられた存在ではない。もしも人を条件つきで受け入れようとするなら、相手を機械扱いすることになってしまう。「こういう条件を満たせば愛してあげるよ」という親は、子供を機械にしようとしているのである。人の痛みも感情も理解できない、無機的で冷たい生命のない機械にである。

大切なのは、無条件の一体感、要するに愛があるときだけ、そこに生命があり、癒しがあるということだ。

エール大学の外科医バーニー・シーゲルは、病気の原因についてこう語っている。（※15）

「人生における決定的な時期に人に愛されることがなかったため、自分自身をも愛せないというのが、患者としての大きな問題なのだ。すべての病気は、究極的には愛の欠如、または条件つきの愛とかかわりがあるという感じがする」

また、癌細胞に攻撃を加えるというイメージ・トレーニングにより、癌を克服したある女性患者は、次のように本心を告白している。（※16）

「本当は、攻撃的なイメージはあまりしなかったんです。私が治ったのは、あのイメージのせいではありません。あのすばらしい先生と奥さんが、愛をくれました。本当に深く心配してくれた。

それが私を癒したんだと思います。ガンを治したのは攻撃ではなくて、愛です」

悟りをめざす者の、最大の試練とは何か

こうして見てくると、人生で遭遇する「公案」とは、相手を無条件で受け入れ、一体感を得て悟りを開くためにあるのだとわかる。もちろん、それは悟りへの方法や技術ではないのだが、あえて二元的な解釈をすれば、公案とは一体感を得るための、ひとつのアプローチだといえるのだ。しかし、相手を無条件で受け入れるには、自分自身を無条件に開いていなければならない。そこが非常に難しいところなのだ。ある意味で、これは悟りをめざす者にとって、最大の試練だといえるだろう。

相手を抱擁するには、両腕を広げなければならない。腕を自分のからだに巻き付けて自分をガードしていては、触れ合うことはできないだろう。しかしその体勢は、自分をまったくの無防備にさらすことである。条件づけられた社会で生まれ育ったわれわれにとって、それはもっとも恐ろしい体勢ではないだろうか？

今までくどいほど述べてきたように、われわれは何らかの条件を満たさないと愛されず、認められず、受け入れてもらえないように育てられてきた。

「自分はいい子だから愛される。頭がいいから、きれいだから、有能だから愛される。有名だから、肩書があるから、品行方正だから、グルだから愛される……」

われわれはこのように思っている。だから、愛される条件を死守せずにはいられない。もしも自分を無防備にして弱点や醜さを知られたら、嫌われて拒絶されるのではないか、あるいは攻撃されるのではないかと、不安で仕方がないのである。

言い方を換えれば、「いい子でなければ愛されないぞ、頭がよくなければ、きれいでなければ、有能でなければ愛されないぞ、有名でなければ、肩書がなければ、品行方正でなければ、グルでなければ愛されないぞ」と、常に脅迫を受けているようなものなのだ。

だから、愛される条件となる自己イメージを壊すような弱点や欠点は、決して人に見せようとしない。しかし見られないようにするには、親密な触れ合いを避けるしかない。顔の小じわや染みのように、近くに寄られたらバレてしまうからである。

こうして、人を遠ざけるようになる。心の底では触れ合いを求めているのに、それができないジレンマに苦しむことになる。人といても孤独で、セックスをしても、まるで鎧を着て抱き合っているように味気無く、異性との触れ合いも一体感もなく、性愛の喜びに自らを明け渡すことができない。自分を守ろうとするあまり、他者との触れ合いを不可能にしてしまったハリネズミのように。

自分のありのままをさらけだすと、宇宙的な愛の意識が訪れる

防御の姿勢を解き、両腕を開かなければ、ハートも開かれないのである。自分のありのままをさらけださなければ、一体感は得られないのだ。人から気に入られるために自分を偽ったりせず、自分の長所も短所も隠さずに、自然体となり、自分自身であり続けることだ。

その結果、あなたを嫌いになり、去っていく人がいるかもしれない。見下し、馬鹿にし、ナメてかかり、態度がガラリと変わるかもしれない。

しかし、そういう人は、あなた自身ではなく、あなたのイメージを愛していたにすぎないのだ。どのみちあなたは、愛されていなかったということなのである。

本当にあなたを愛してくれる人は、あなたのイメージを愛したりはしない。あなたをさまざまな価値観で切り刻んだりはしない。ただありのままのあなたを、その長所も短所も、そのすべてを無条件に受け入れ、愛してくれる。

これこそ本当の愛であり、友情ではないだろうか。本当の愛でなければ、いくら愛されても意味がない。本当の愛でなければ、一体感を覚えることもない。

こういう本当の愛は、自分のありのままをさらけだすことから生まれてくる。恥ずかしい面も醜い面も、劣等感を抱いている面も、何もかもだ。ある意味で、開き直ることである。

「馬鹿にする人は馬鹿にすればいい。嫌いになる人は嫌いになればいい。笑いたければ笑えばいい。どうであれ、これが私自身なのだから！」

こういえる勇気があれば、その人はまず間違いなく、悟りを開くことができる。

なぜなら、自分自身を無条件で明け渡すことのできる人だけが、どんな人も、どんな事物も、無条件で受け入れることができるからだ。そんな人にはハートがあり、本当の愛がある。そこには一元性があり、合一意識があり、悟りの境地がある。

こうした心境に近づいていくと、不思議な感覚を経験するようになるかもしれない。

「私はこの人を愛している」とは、思わなくなってくるのである。

その代わり、「宇宙がこの人を愛している」という気がしてくるのだ。「宇宙の愛が私を通してこの人に流れている」ような感覚である。あるいは、「私はただ、宇宙の愛の代弁者にすぎない」と感じるかもしれない。しかしそれでいて、以前よりもずっとその愛は深く強烈なのである。「私が愛している」という感覚が希薄になってくるにもかかわらず。

これをどう説明したらいいだろう？

たとえば、炎をもってだれかを照らせば、「私はあなたを照らしている」と思うだろう。しかし、もしも自分自身が炎そのものになったら、だれかを照らしていると思うだろうか？

おそらく思わないはずだ。ただ「照らされている人」がいるだけだと思うだろう。

同じように、自分の前にいる人は「私が愛している人」とは思わず、「愛されている人」とだけ思うようになるのだ。だれからという意識はない。ただ愛されているのだ。

このように、合一意識になると、「愛する人」はいなくなってしまう。いるのはただ、「愛されている人」だけである。自分自身が愛そのものになってしまうので、自分を主語とし、愛を動詞として使えなくなるのだ。相手を主語とする受動態でしか表現できなくなるのである。なぜなら「私」は、宇宙の愛に融合され、いなくなってしまうからだ。

つまり、われわれが思う「私」とは、しょせんは実在しないイメージなのである。もともと「私」などいないのだ。合一意識という、まさに愛の中で、「私」は死ぬのである。その意味で愛とは、生命であると同時に死でもあるという、両極性を秘めたものといえるだろう。

ならば、「私」がいないとすれば、「愛されている人」とは、だれなのだろうか？

それは「私」なのである。

どうか、チンプンカンプンなどといわないでいただきたい。

つまりこの世界には、「私」しかいないということなのだ。

たくさんの人がいるように見えるのは、「私」のさまざまな側面が、いわば平面的な地上世界ゆえに分断されて見えているだけなのである。

だから、お釈迦様も「私」の側面であり、麻原彰晃も「私」の側面であり、風俗嬢も、マザー・テレサも、片足のないインドの少年も、すべて「私」の側面であり「私自身」なのである。

このことが「ハート」でわかったとき、この世にだれひとりとして戦う相手も、非難する相手も、逃げる相手もいないことを知るだろう。
ただ愛に生きること、人生にそれ以上のことも、それ以下のこともないのだと悟るであろう。

《悟りを開くヒント》

・愛ある関係をもつことは、修行のすべてである。
・どんなに考えても悟りは開けない。垂直方向に飛び超えた発想の転換が必要。
・二元的な地上世界は、神の演じる壮大なマジック・ショーである。
・悟りとは、二元的世界というマジックを造り出した神のトリックを見破ること。
・悟りは、この世界のあらゆる事物との一体化をめざす道。
・悟りは技術ではない。座禅や瞑想などのテクニックが悟りをもたらすのではない。
・愛がなければ、いかに技術が巧みであっても、それが活きてこない。
・悟りを開く一元的な知覚が「ハート」である。
・問題は技術の欠如ではなく、ハートの欠如である。
・命がけの真剣勝負で挑むからこそハートが目覚める。
・ハートは、人生で遭遇するすべての要素を受け入れ、それを高い次元で統合させていくプロセスにおいて目覚める。
・人生を修行としなければ、いくら座禅や瞑想をしても気休めであり逃避でしかない。

・人間関係における悩みは、もっともすぐれた公案である。
・公案を解くには、「無抵抗の理解」が最大のポイントとなる。
・相手を無条件で受け入れるには、自分自身を無条件に開いていなければならない。
・自分のありのままをさらけだすと、宇宙的な愛の意識が訪れる。

悟りに導く愛と平和の祈り──あとがきに代えて

世界が愛と平和で満たされますように。
すべての人々が愛と平和で満たされますように。
私たちの本質である愛と英知の光が、
より一層輝きますように。

悟りを開くとは、結局のところ、宇宙とひとつになることである。宇宙と自分の意識をひとつにすることだ。では、宇宙の意識とは、いったい何であろうか？

それは、秩序へ向かって進化しようとする意識である。そして秩序とは、愛と調和に他ならない。この世界に愛と調和をもたらそうとする意識なのだ。それが宇宙の意識である。

したがって、宇宙の意識とひとつになろうと思うのであれば、つまり、悟りを開こうと思うのなら、自分もまた、この世界に愛と調和をもたらそうと願うことである。

世界の調和とは、すなわち世界の平和のことだから、この世界が愛と平和に向かうように祈ることである。これが「世界が愛と平和で満たされますように」という祈りだ。

また、世界とは要するに、われわれひとりひとりのことだから、この祈りの変形ヴァージョンとして「すべての人々が愛と平和で満たされますように」という祈りがあるわけだ。

また、愛と平和に向かうには、われわれの本質が愛と英知の光（の存在）だということに目覚めることが必要なので、「私たちの本質である愛と英知の光が、より一層輝きますように」と祈らなければならない。これは、私たちの本質が自我（エゴ）という機械ではなく、霊的な光の存在なのだということを想起させる意味がこめられている。

この祈りを、単に言葉だけを唱えるのではなく、真心（ハート）をこめて祈るとき、われわれは宇宙の意識と共鳴し、宇宙の意識とひとつになる。

この世界は、決して自分と分離された存在ではない。この世界のいかなる事物も、それが美点であれ汚点であれ、自分自身の心の側面が現象化された姿である。世界にはびこる悪や暴力は、自分が抱える悪や暴力の「分身」なのだ。環境の汚染は、自分の心を汚染した結果なのである。文字通りの意味で、自分は世界であり、世界は自分自身だからである。

２０１４年　冬　　　　　　　　　　斉藤啓一

【参考文献】

1 『*Cosmic Consciousness*』（Richard Maurice Bucke　Citadel Press　1901），『宇宙意識』
リチャード・モーリス・バック（ナチュラル・スピリット）
2 『完全なる人間』アブラハム・H・マスロー著　上田吉一訳　誠信書房　1964年
3 『愛されない者の傷』ペーター・シェレンバウム著　島田洋子訳　あむすく　1997年
4 『自我の終焉』J・クリシュナムーティ著　根木宏、山口圭三郎訳　篠崎書林　1980年
5 『未来からの帰還』ダニオン・ブリンクリー他著　大野晶子訳　同朋社出版　1994年
6 『死んで私が体験したこと』ベティー・イーディー著　鈴木秀子訳　同朋社出版　1995年
7 『バーバラ・ハリスの臨死体験』バーバラ・ハリス他著　立花隆訳　講談社　1993年
8 『生きぬく力』ジュリアス・シーガル著　小此木啓吾訳　フォー・ユー　1987年
9 『奇蹟を求めて』P・D・ウスペンスキー著　浅井雅志訳　平河出版社　1981年
10 『驚異の超能力者たち』コリン・ウィルソン著　木村一郎訳　学習研究社　1976年
11 『甦る生命エネルギー』アレクサンダー・ローエン著　中川吉晴、国永史子訳　春秋社　1995年
12 『時間・空間・医療』ラリー・ドッシー著　栗野康和訳　めるくまーる　1987年
13 『阿含経典』増谷文雄著　筑摩書房　1979年
14 『「死ぬ瞬間」と臨死体験』E・キューブラー・ロス著　鈴木晶訳　読売新聞社　1997年
15 『奇跡的治癒とは何か』バーニー・シーゲル著　石井清子訳　日本教文社　1988年
16 『癒された死』スティーブン・レヴァイン著　高橋裕子訳　ヴォイス　1993年

【著者紹介】

斉藤啓一（さいとう けいいち）

1960年東京生まれ。作家。哲学者。心理カウンセラー。「意識の覚醒」を研究テーマに、スピリチュアル、哲学、心理学の本を執筆。4年間の心理カウンセラー（ホスピスでの入院患者、および外来精神科カウンセリング）の経験を持ち、代替医療にも関心が深い。

主な著作として『フランクルに学ぶ』『ブーバーに学ぶ』（共に日本教文社）、『真実への旅』（サンマーク出版）などがある。

ホームページ　http://www.interq.or.jp/sun/rev-1/

悟りを開くためのヒント

●

2014年3月5日　初版発行

著者／斉藤啓一

編集／田上正人
DTP／大崎 恵

発行者／今井博央希
発行所／株式会社ナチュラルスピリット

〒107-0062 東京都港区南青山5-1-10 南青山第一マンションズ602
TEL 03-6450-5938　FAX 03-6450-5978
E-mail info@naturalspirit.co.jp
ホームページ http://www.naturalspirit.co.jp/

印刷所／中央精版印刷株式会社

ISBN978-4-86451-112-4 C0010